Montucci

Cléments de Grammaire
Anglaise

ÉLÉMENTS

DE LA

LANGUE ANGLAISE

ÉLÉMENTS

DE LA

GRAMMAIRE ANGLAISE

RÉDIGÉS SUR LE PLAN

DE LA GRAMMAIRE FRANÇAISE DE LHOMOND

Revue et complétée par M. GUÉRARD,

CONTENANT

UN TRAITÉ DE PRONONCIATION ANGLAISE

MARQUÉE D'APRÈS UN NOUVEAU SYSTÈME RAISONNÉ

PAR M. H. MONTUCCI,

AGRÉGÉ POUR LES LANGUES VIVANTES,
PROFESSEUR DE LANGUE ANGLAISE AU LYCÉE SAINT-LOUIS.

LIVRE DU MAÎTRE

PARIS

DEZOBRY ET E. MAGDELEINE, LIBR.-ÉDITEURS,

4, RUE DES MAÇONS-SORBONNE, 4.

1852

Toutes nos éditions sont revêtues de notre griffe.

AVERTISSEMENT

SUR CETTE NOUVELLE GRAMMAIRE.

Nous avons voulu faire un livre purement élémentaire, très-simple, et néanmoins assez complet dans sa simplicité pour qu'il fût vraiment utile. Voyant que des hommes de savoir et d'expérience recommandent et prescrivent les ouvrages de Lhomond pour l'enseignement des éléments des langues française et latine, nous avons eu l'idée de faire, en quelque sorte, un *Lhomond anglais*. Nous avons voulu nous rapprocher autant que possible des *Lhomond* révisés et corrigés. L'édition donnée par M. Guérard [1], l'un des agrégés les plus distingués de l'Université, nous a semblé préférable, de beaucoup, à toutes celles publiées depuis peu, et elle est devenue notre guide ; nous en avons suivi le plan, et imité ou emprunté tout ce qui pouvait l'être dans les définitions générales.

Nous n'avons vu en cela que l'avantage des élèves : ils n'arrivent dans nos cours qu'après avoir appris les principes de la langue française ; ils seront donc aidés dans une nouvelle étude s'ils retrouvent des définitions générales qu'ils savent déjà ; la corrélation, la parenté, pour ainsi dire, qui existe entre deux langues, cependant différentes, leur étant révélée, ils seront moins déroutés, et feront nécessairement des progrès plus rapides. Ce service, nous le devons à Lhomond et à M. Guérard, et nous avons dû les déclarer nos auxiliaires dès le frontispice de notre livre.

Quant à la partie purement anglaise, nous commençons notre Cours par la *prononciation*, enseignement indispensable dans l'étude d'une langue vivante. Convaincu de l'impossibilité d'établir des règles absolues sur ce point, nous nous sommes borné à rechercher les tendances générales auxquelles paraissent obéir

---

[1] *Grammaire française élémentaire* d'après Lhomond, par M. GUÉRARD, préfet des Études au collége Sainte-Barbe. 1 vol. in-12. Prix, cartonné : 75 c.—Paris, DÉZOBRY ET E. MAGDELEINE.

les Anglais dans la prononciation de leur langue ; nous en avons déduit des principes faciles à saisir, en nous faisant une loi *de ne marquer les sons que dans les cas, assez nombreux sans doute, où la prononciation s'éloigne de ces principes.* Par cette méthode l'élève, jusqu'ici abandonné à un chaos de règles minutieuses et incohérentes, trouvera des points d'appui, auxquels il pourra se lier, s'accoutumera à ne plus regarder la prononciation anglaise comme une difficulté insurmontable, et appliquera, dans tous les cas où le contraire ne sera pas indiqué, les principes généraux que les Anglais eux-mêmes appliqueraient, s'il s'agissait d'introduire des mots nouveaux dans leur langue. L'adoption de ces principes nous a procuré l'avantage de pouvoir nous servir, pour les cas exceptionnels, d'un système de notation simple et facile. Nous déclarons cependant que l'intervention des professeurs sera toujours indispensable, car l'écriture ne peut peindre toutes les variétés et toutes les nuances des sons.

On trouvera la partie des *verbes* plus développée qu'elle ne l'est ordinairement dans les livres élémentaires ; nous avons pensé que cela était nécessaire pour mieux exercer les élèves sur les conjugaisons et les familiariser avec les auxiliaires si nombreux dans la langue anglaise.

La théorie des verbes anglais a toujours été le grand écueil des grammairiens. Nous ne prétendons pas avoir été plus heureux que nos honorables devanciers, mais nous avons tâché de donner à cette partie de l'étymologie un développement plus complet. La simplicité est très-désirable, pourvu qu'on puisse l'obtenir sans nuire à la précision. Or nous avons dû nous convaincre par les thèmes de nos élèves que les notions contenues dans les grammaires existantes au sujet des verbes auxiliaires sont tout-à-fait insuffisantes. Les phrases les plus élémentaires sont au-dessus des forces de l'élève quand elles ne sont pas comprises dans le cercle étroit des conjugaisons de sa grammaire. Il traduira toujours, par exemple, *je voulais partir* par *I would go away,* parce qu'il ne trouve pas dans son livre le verbe *to want.* C'est pourquoi nous avons cru devoir augmenter la liste des verbes auxiliaires en y ajoutant les quatre verbes *go, want, like et use.* Nous avons subdivisé aussi exactement que possible les modes et les temps d'après leurs différentes nuances ; ce sont des longueurs indispensables, si l'on veut mettre l'élève en état de bien se servir des verbes anglais. Le professeur est toujours libre d'ailleurs d'omettre ce qu'il pourrait croire trop embarrassant pour l'élève à un moment donné, sauf à y revenir plus tard.

En composant notre *syntaxe* nous n'avons pas oublié que nous écrivions un ouvrage élémentaire, et que par conséquent nous ne devions donner que les règles fondamentales. Tous les gens d'expérience savent que, pour des élèves qui n'en sont encore qu'aux éléments, une multiplicité excessive de tournures, plus ou moins compliquées, produit la confusion dans leur esprit et ne fait qu'entraver leurs progrès.

Nous avons cru néanmoins devoir donner plus d'étendue à cette partie dans ce volume destiné aux professeurs, afin de leur fournir les matériaux nécessaires aux développements qu'ils jugeront convenables de faire en classe, et qu'ils pourront, au besoin, dicter aux élèves.

On trouvera dans un chapitre supplémentaire les notions les plus importantes concernant l'usage des préfixes et des suffixes, et la composition des mots ; notions que l'on pourra dicter aux élèves vers la fin du cours, quand ils auront parcouru toute la grammaire élémentaire.

Que nos collègues nous viennent en aide, et avec leur secours et leurs conseils, nous améliorerons successivement ce petit livre, que nous avons publié pour les seconder dans leur enseignement.

H. M.

GRAMMAIRE
ANGLAISE

ÉLÉMENTAIRE.

PREMIÈRE PARTIE

DE LA PRONONCIATION.

La langue anglaise est un mélange du saxon avec l'ancienne langue britannique [1], le latin, le danois et le normand. Chaque peuple conquérant y a laissé des traces de sa langue et de sa prononciation.

[1 Drake, dans ses recherches sur l'origine de la langue anglaise avoue que beaucoup de mots britanniques ont été introduits dans la langue moderne, mais que les tournures sont absolument différentes. Ellis soutient qu'un tiers environ des mots anglais sont d'origine britannique : Horne-Tooke, au contraire, n'en admet pas du tout. Dans ce conflit d'opinions, il est juste peut-être d'admettre qu'il y a encore dans l'Anglais des traces de l'ancienne langue du pays, mais que ces traces sont faibles et peu importantes. Quant au Danois, son influence sur la langue anglaise est beaucoup plus reconnaissable ; il suffit, pour s'en convaincre, d'ouvrir un livre danois quelconque, et pour peu que l'on soit exercé aux recherches étymologiques, on y rencontrera un nombre considérable de racines qui se retrouvent dans la langue anglaise.]

1.

DE L'ACCENT.

1. Chez les Anglais, le mot *accent* ne veut pas dire un signe destiné à modifier le son d'une voyelle; il signifie l'énergie ou le ton plus élevé par lequel on fait dominer une syllabe au-dessus des autres.

[L'accent, tel que nous le définissons ici, a dans toutes les langues une très-grande influence sur la prononciation; son effet naturel est de rendre brèves les syllabes non-accentuées. C'est ce qui arrive surtout en anglais, où il est rare que l'on trouve une syllabe longue auprès d'une syllabe accentuée.]

2. C'est ordinairement la syllabe la plus significative du mot qui reçoit l'accent en anglais.

Cette syllabe est la *racine* du mot, c'est-à-dire le mot primitif, auquel on a ajouté ou retranché des syllabes pour en faire un verbe, un nom, un adjectif, etc.

3. Ces syllabes secondaires s'appellent des *préfixes* lorsqu'elles sont placées devant la racine, et des *suffixes* lorsqu'elles sont placées après.

Il ne faut pas confondre les suffixes avec les *terminaisons* : une terminaison est la syllabe finale d'un mot, quelle que soit d'ailleurs sa valeur grammaticale; rien n'empêche même, en anglais du moins, que la terminaison ne soit une racine. Le suffixe, au contraire, n'est jamais une racine, il n'est souvent pas même une terminaison, car un mot peut avoir jusqu'à deux suffixes.

Ainsi, par exemple, le mot français *respectivement* a un préfixe, une racine, et deux suffixes, savoir :

RE - SPECT - IVE - MENT.

La racine *spect* vient du verbe latin inusité *specio* (je vois) elle se trouve dans plusieurs autres mots français tels que *respect, inspecteur, suspect,* etc.

On ne peut jamais retrancher une *terminaison* sans détruire le mot même, mais on peut toujours retrancher ou changer un *suffixe.* Dans le mot *entier,* par exemple, on ne peut pas supprimer la terminaison *tier* sans détruire le mot ; mais dans *entièrement*, le suffixe *ment* peut être retranché sans inconvénient ; seulement le mot, d'adverbe qu'il était, se change en adjectif.

4. Les mots anglais de plusieurs syllabes ont quelquefois deux accents, dont le plus faible, appelé *accent secondaire*, se trouve ordinairement sur la première syllabe ; alors le deuxième, ou l'*accent principal*, est éloigné du premier d'une syllabe au moins.

L'accent ne se trouve jamais sur les suffixes.

5. Nous indiquons l'accent dans cette grammaire par un accent aigu (') placé à la suite de la syllabe accentuée.

Questionnaire.

1. [Qu'entend-on en anglais par le mot *accent* ?
2. Quelle est ordinairement la syllabe qui reçoit l'accent ?
   Comment appelle-t-on la syllabe la plus significative d'un mot ?
3. Qu'est-ce qu'un préfixe ?
   Qu'est-ce qu'un suffixe ?
   Citez un mot français ayant des préfixes et des suffixes.
   Expliquez la différence entre un suffixe et une terminaison ?
4. Certains mots anglais peuvent-ils avoir deux accents ?
   Comment appelle-t-on le plus faible des deux ?
   Et le plus fort ?
   Les suffixes peuvent-ils être accentués ?
5. Comment indique-t-on l'accent dans cette grammaire ?]

DE L'ALPHABET.

6. L'alphabet anglais se compose de vingt-six lettres placées dans l'ordre suivant :

Lettres.	Prononciation.	Lettres.	Prononciation.
A. a.	*é.*	N. n.	*enn.*
B. b.	*bi.*	O. o.	*ô.*
C. c.	*si.*	P. p.	*pi.*
D. d.	*di.*	Q. q.	*kiou.*
E. e.	*î.*	R. r.	*ar.*
F. f.	*ef.*	S. s.	*ess.*
G. g.	*dji.*	T. t.	*ti.*
H. h.	*étch.*	U. u.	*iou.*
I. i.	*aï.*	V. v.	*vi.*
J. j.	*djé.*	W. w.	*deubbeliou.*
K. k.	*ké.*	X. x.	*ecs.*
L. l.	*ell.*	Y. y.	*ouaï*
M. m.	*emm.*	Z. z.	*zedd.*

7. Cet alphabet comprend dix-neuf consonnes, savoir :
B, C, D, F, G, H, J, K, L, M, N, P, Q, R consonne, S,
T, V, X, Z.

Six voyelles : A, E, I, O, U, Y.

Et deux demi-voyelles : R, W.

DES LETTRES MUETTES.

8. Les lettres *b, e, g, h, k, l, n, p, w* sont ordinairement muettes dans les combinaisons suivantes :

b dans les terminaisons *mb* et *bt.*

e à la fin des mots.

g suivi de *m* ou de *n* dans une même syllabe.

h précédé de *r*, et à la fin des mots.

k suivi de *n* dans une même syllabe.

l dans les monosyllabes, précédé d'un *a* et suivi de *f,
k, m* ou *v.*

n après *m* dans une même syllabe.

p devant *s* ou *t.*

p entre *m* et *t.*

w devant *r*, et à la fin des mots.

Ces règles n'ont lieu qu'autant qu'il s'agit D'UNE MÊME
SYLLABE.

Les consonnes finales ne sont jamais muettes, hors les
cas que nous venons d'indiquer.

EXEMPLES :

debt	(prononcez	*dette*).	. . .	dette.
lamb	(«	*lammc*).	. . .	agneau.
rope	(«	*rôpe*).	. . .	corde.
gnat	(«	*nutte*).	. . .	moucheron.
phlegm	(«	*flemme*).	. . .	phlegme.
phleg'mon	(«	*fleg-monne*).	. . .	phlegmon.
reign	(«	*réne*).	. . .	règne.
rhu'barb	(«	*rubarbe*).	. . .	rhubarbe.
Lib'nah	(«	*Libnâ*).	. . .	Libna (nom pr.).
knot	(«	*notte*).	. . .	nœud.
calf	(«	*kaafe*).	. . .	veau.
calm	(«	*kaame*).	. . .	calme.
limn	(«	*limme*).	. . .	peindre.
psalm	(«	*saame*).	. . .	psaume.
tempt	(«	*temte*).	. . .	tenter.
wrist	(«	*riste*).	. . .	poignet.

[En général, la lettre qui est muette dans un mot radical l'est aussi dans toutes les combinaisons de ce mot, soit avec un suffixe, soit avec un autre mot. Ainsi, dans le mot *tomb* (*toume*), tombeau, le *b* est muet, d'après la règle donnée ; il l'est aussi dans ses dérivés *tombstone* (*toumstône*), pierre monumentale ; *entombing* (*entou-ming*), ensevelissant, etc.

Cette remarque est surtout importante pour l'*e* muet dans les mots composés. Dans le mot *bride'groom* (*braïdgroume*), fiancé, par exemple, l'*e* ne doit pas se prononcer, parcequ'il s'agit d'un mot composé de *bride* (*braïde*), fiancée, et de *groom* (*groume*), garçon ; et comme l'*e* final du premier mot est muet, d'après la règle, il reste muet dans toutes les combinaisons.

Nous avons dit que les lettres indiquées plus haut comme muettes ne le sont qu'autant qu'il s'agit d'une même syllabe. Ainsi, le *g* est muet dans *sign* (*saïne*), signe, parce qu'il s'agit d'une seule syllabe ; mais on le prononce dans *bigness* (*biguenesse*), grosseur, parce que le *g* appartient à la première syllabe, *big*, gros, tandis que l'*n* appartient au suffixe *ness*. Ces cas sont assez faciles à reconnaître.

Du reste, ces règles ne sont pas toujours rigoureusement observées. Dans le mot *sig'nal*, signal, par exemple, on prononce le *g*, quoiqu'il dérive du mot *sign*, où le *g* ne se prononce pas. Mais ces exceptions ne sont pas nombreuses.]

9. Dans cette grammaire, les lettres muettes non comprises dans la règle précédente seront désormais imprimées en *italique*. La plupart des syllabes, contenant des consonnes muettes, sont accentuées.

*

Questionnaire.

6. [De combien de lettres se compose l'Alphabet anglais ?
Récitez tout l'Alphabet avec sa prononciation anglaise.
7. Combien y a-t-il de consonnes, de voyelles et de demi-voyelles dans cet Alphabet ?
8. Y a-t-il des lettres qui ne se prononcent pas dans certaines circonstances ?
Lesquelles ?
Si les combinaisons que vous venez d'indiquer n'étaient pas comprises dans une seule et même syllabe, les lettres en question seraient-elles toujours muettes ?
Les consonnes finales, autres que celles indiquées ici comme muettes, faut-il toujours les prononcer en anglais, ou sont-elles muettes, comme par exemple, en français, l'*r*, l'*s*, le *t* final ?
Comment indique-t-on dans cette grammaire les lettres muettes non comprises dans les cas ci-dessus ?
9. Les lettres muettes ont-elles quelque influence sur l'accent ?]

DES CONSONNES.

10. Les consonnes *b, c, d, f, k, l, m, n, p, t, v, x, z* se prononcent généralement comme en français.

Cependant *f* se prononce comme *v* dans le mot *of* (or), de.

11. *G* a le son dur, comme en français, devant *a, o, u* et devant les consonnes.

Devant *e, i, y*, il peut être doux ; alors on le prononce *dj*.

Quel que soit le son de *g*, il le conserve en général invariablement, malgré toutes les transformations grammaticales que le mot pourrait subir.

EXEMPLES :

age (prononcez	*édje*).	. . .	âge.
gas («	*gasse*).	. . .	gaz.
gold («	*gôlde*).	. . .	l'or.
gem («	*djemme*).	. . .	gemme.
get («	*guette*).	. . .	obtenir.
gig'ot («	*djiggote*).	. . .	gigot.
give («	*guieve*).	. . .	donner.

Lorsqu'une syllabe qui finit en *g* est suivie d'une autre qui commence par *n*, le *gn* ne se prononce pas *ni*, comme dans le français, mais on prononce séparément chaque lettre ; le *g* est dur. Ex. *ignorant*, se prononce *iguenorante*, et non pas *iniiorante*.

12. *H* est presque toujours fortement aspirée au commencement des mots. Ex. *hand* (prononcez *hhande*) main.

Dans les huit mots suivants, et leurs composés, H est muette.

heir (prononcez	*ére*).	. . .	héritier.
hon'est («	*onneste*).	. . .	probe.
hon'our («	*onneure*).	. . .	honneur.
herb («	*erbe*).	. . .	herbe.
host'ler («	*osslere*).	. . .	garçon d'écurie.
hour («	*aouere*).	. . .	heure.
humble («	*eumble*).	. . .	humble.
hu'mour («	*ioumeure*).	. . .	humeur.

13. *J* se prononce toujours *dj*.

EXEMPLES :

jar (prononcez	*djare*).	. . .	jarre.
joy («	*djoï*).	. . .	joie.

14. *Q* est constamment suivi d'un *u*, et se prononce toujours *kou*.

EXEMPLES :

quest (prononcez *koueste*).	.	.	recherche.
quail (« *kouéle*).	.	.	caille.

15. *R* est consonne au commencement des mots et des syllabes; elle a alors le son français.

16. *S* est dure, comme dans le mot français *sœur*, ou douce, comme dans le mot français *poser*.

Elle est dure au commencement des mots, dans les terminaisons *as, is, os, us*, et avant ou après les consonnes *c, f, k, p, t*.

Elle est douce, au contraire, à la fin des mots après *b, d, g, l, m, n, r, w;* dans les terminaisons *son, sin*, et *es*, et après le préfixe *re*.

EXEMPLES :

sand (prononcez *sande*).	.	.	sable.
rose (« *róze*).	.	.	rose.
resent (« *rezennte*).	.	.	s'offenser.
rea'son (« *rîzonne*).	.	.	raison.
score (« *skore*).	.	.	une vingtaine.

17. La prononciation douce des consonnes *g* et *s*, lorsqu'elle est douteuse, sera désormais indiquée dans cette grammaire par un trait horizontal (-) placé au-dessus de la lettre, comme dans les exemples suivants :

german (prononcez *djermane*)	.	.	germain.
gild (« *guilde*)	.	.	dorer.
raise (« *réze*)	.	.	élever.
sort (« *sorte*)	.	.	espèce.

Questionnaire.

10. Quelles sont les consonnes qui se prononcent généralement comme en français? Y a-t-il une exception par rapport à l'*f*?

11. Comment prononce-t-on le *g*? *Gn*, lorsque ces lettres appartiennent à des syllabes différentes ?

12. Comment prononce-t-on le *h* ?

13. Le *j* ?

14. Les lettres *qu* ?

15. L'*r* lorsqu'elle est consonne ? Quand cela arrive-t-il ?

16. Comment prononce-t-on l'*s* ?

17. Comment indique-t-on dans cette grammaire la prononciation douce des lettres *g* et *s* ?]

DES CONSONNES COMPOSÉES.

18. Les consonnes composées exprimant un seul son, et toujours inséparables, sont au nombre de sept, savoir :
Ch, ck, gh, ng, ph, sh, th.
19. *Ch* se prononce ordinairement *tch.*

EXEMPLES :

catch (prononcez *katche*). . . .	attraper.
chin (« *tchinne*). . . .	menton.
enchant' (« *entchannte*). . . .	enchanter.

Excepté dans les mots d'origine grecque. En voici les plus fréquents :

cha'os (prononcez *kéosse*). . . .	chaos.
char'acter (« *karactre*). . . .	caractère.
char'ta (« *karta*). . . .	charte.
chasm (« *kazme*). . . .	abîme.
chem'ist (« *kimmiste*). . . .	chimiste.
chol'er (« *kollere*). . . .	bile.
cho'rus (« *kóreusse*). . . .	chœur.
chord (« *korde*). . . .	corde.
Christ (« *kraïste*). . . .	le Christ.
christ'ian (« *kristchane*). . . .	chrétien.
chron'ic (« *kronnik*). . . .	chronique.
mechan'ic (« *mekannik*). . . .	ouvrier.

[Dans les mots français adoptés par les Anglais, le *ch* garde le son français. EXEMPLES : *chaise* (chaise de poste); *château, chemise*, etc.]

Le préfixe *arch*, usité comme en français dans le mot *archevêque*, se prononce *artch* lorsqu'il est suivi d'une consonne ; dans le cas contraire, il se prononce *ark*.

[Néanmoins, les combinaisons modernes de ce préfixe, ou celles que l'on peut créer arbitrairement, exigent toujours la prononciation *artch*. C'est ainsi que l'on prononce *arch-e'nemy* (*artch-enemy*), prince des démons, et *arch-ar'chitect* (*artchar'kitecte*), le créateur.]

Ck se prononce comme *k.*
20. *Gh* est ordinairement muet à la fin des mots.
Il ne l'est pas dans les mots suivants, où on le prononce *ff.*

laugh (prononcez	*laffe*). . . .	rire.
cough («	*coffe*). . . .	toux.
chough («	*tcheuffe*). . . .	chouette.
enough («	*incuffe*). . . .	assez.
draught («	*drafte*). . . .	trait.
rough («	*reuffe*). . . .	âpre.
trough («	*troffe*). . . .	auge.
tough («	*teuffe*). . . .	raide.

Gh a le son dur de *g* au commencement des mots.

EXEMPLES :

ghast'ly (prononcez	*gastli*). . . .	horrible.
ghost («	*gôste*). . . .	esprit.

[Dans les mots suivants, presqu'inusités, *gh* se prononce *k*.

hough (prononcez	*hok*). . . .	cuisse.
shough («	*chok*). . . .	espèce de chien.
lough («	*lok*). . . .	lac.]

21. *Ng* a un son nasal qui ressemble à celui de *n* dans le mot français *encre*.

EXEMPLES :

song,	chant.	*bring*,	porter.
ring'ing	sonnant,	*hung*,	suspendu.

[Mais lorsque l'*n* et le *g* appartiennent à deux syllabes différentes, on les sépare.

EXEMPLES :

fin'ger (prononcez *finn-guer*) . . .	doigt.
crin'ge (« *crinn-dje*) . . .	ramper.
loun'ge (« *laoun-dje*) . . .	flâner.

C'est le cas de tous les mots qui se terminent en *nge*, *nger*, lorsque *er* n'est pas un suffixe ajouté à un mot terminé en *ng* nasal.]

22. *Ph* se prononce *f*.

EXEMPLES :

phan'tom (prononcez *fantomme*). . . .	fantôme.
phal'anx (« *falanxe*). . . .	phalange.

[Néanmoins, dans les mots *Ste'phen*, Etienne, et *ne'pheur*, neveu, le *ph* se prononce *v*; *Stivenne*, *neviou*.]

23. *Sh* se prononce comme le *ch* français.

EXEMPLES :

shat'ter (prononcez *chattre*). . . .	briser.
shed (*chedde*). . . .	verser.
mesh (« *meche*). . . .	maille.

24. *Th* est un son que l'on obtient en avançant plus ou moins de la langue entre les dents ; ce son est tantôt dur, tantôt doux.

Le *th* est ordinairement dur au commencement et à la fin des mots, ou lorsqu'il est précédé d'une consonne.

Il est doux, au contraire, lorsqu'il se trouve au milieu des mots entre deux voyelles, ou précédé d'un *r*.

EXEMPLES :

Th dur :	Th doux :
thatch, toit de chaume.	*ra'ther*, plutôt.
thing, chose.	*wea'ther*, temps.
mirth, allégresse.	*fa'ther*, père.
	mo'ther, mère.

25. En cas de doute, le *th* doux sera désormais indiqué dans cette grammaire par un trait horizontal placé au-dessus du *t* ($\bar{t}$).

26. *Remarque générale.* On ne peut jamais séparer l'une de l'autre les consonnes composées en divisant les mots.

[Ce sujet se rattache évidemment aux règles pour la division des syllabes. Elles sont peu nombreuses, et assez logiques ; les voici :

1º Tout préfixe est une syllabe entière.

2º Tout suffixe l'est aussi.

Dans le cas de préfixes ou de suffixes de deux syllabes, elles sont regardées comme entières chacune.

3º Dans toute division de syllabes, la racine monosyllabe doit rester entière.

4º Lorsqu'il y a deux consonnes semblables, on établit entre elles une séparation. Ex. *ef-fect*, effet.

5º Il en est de même, lorsque les consonnes sont différentes, pourvu qu'elles n'appartiennent pas à la classe des consonnes composées (§ 18). EXEMPLE : *cus-tom*, coutume.

6º Mais les consonnes composées appartiennent toujours à une même syllabe. EXEMPLE : *king'-dom*, royaume ; *Buck'-ing-ham*, nom propre.

7º Dans la division des mots composés, on a égard aux mots primitifs qui les composent. EXEMPLE : *spend'-thrift* (de *spend*, dépenser, et *thrift*, économie ; *qui dépense l'économie*) prodigue.

8º Lorsqu'aucune de ces règles ne s'y oppose, la consonne qui se trouve entre deux voyelles reste unie à la deuxième voyelle. EXEMPLE : *fa'-vour*, faveur : *lé'-vel*, niveau.]

Questionnaire

18. [Combien de consonnes composées y a-t-il ?
Nommez-les.
19. Quelle est la prononciation ordinaire du *ch* ?
Comment prononce-t-on le *ch* dans les mots d'origine grecque ?
Comment prononce-t-on le préfixe *arch* ?
Et le *ck* ?
20. Quelle est la prononciation du *gh* à la fin des mots ?
Et au commencement ?

Récitez les mots où le *gh* se prononce comme *ff* ?
21. Comment prononce-t-on le *ng* ?
22. Le *ph* ?
23. Le *sh* ?
24. Comment obtient-on le son du *th* ?
Quand a-t-il le son dur ?
Le son doux ?
25. Comment indique-t-on le son doux dans cette grammaire ?
26. Peut-on séparer l'une de l'autre les consonnes composées en divisant les mots ?]

DES VOYELLES.

27. En anglais, on compte jusqu'à vingt nuances de voyelles, et en y ajoutant les sons des diphthongues, on arriverait à un chiffre de cinquante-cinq sons.

Mais pour arriver à parler d'une manière parfaitement intelligible, on peut limiter considérablement le nombre de ces nuances, dont la plupart résultent de la rapidité avec laquelle on parle.

[Il suffit à l'élève français qui apprend l'anglais, de le prononcer d'une manière parfaitement intelligible, et de comprendre sans peine lorsqu'on lui parle anglais. La prononciation de cette langue, comme de toutes les autres, ne saurait s'acquérir dans toute sa minutieuse perfection, que par un long séjour dans le pays, ou par un exercice continuel de conversation avec des nationaux.

La multiplicité de sons qui rend la véritable prononciation de l'anglais si difficile, ne dérive en grande partie que de l'extrême rapidité avec laquelle on parle. Les syllabes non accentuées s'effacent, pour ainsi dire, vis-à-vis de celles qui ont l'accent ; c'est ce qui fait que les organes de la parole, n'ayant pas le temps de produire un son bien net, font nécessairement entendre un son *impur*, si je puis m'exprimer ainsi. Il en est de même dans toutes les langues. Dans le mot français *relatif*, par exemple, la première syllabe est prononcée de manière à faire douter si ce n'est pas un *eu* que l'on prononce, plutôt qu'un *e*.]

28. En réalité, et sauf quelques rares exceptions, on peut n'admettre en anglais que trois sons pour chacune des voyelles simples *a, e, u,* et quatre pour l'*o*; il y en a deux pour chacune des autres.

29. Les voyelles anglaises sont *longues* ou *brèves*.

La prononciation *longue* des voyelles correspond :

1° A leur son alphabétique, *é, î, aï, o, iou*. (L'*y* a toujours le même son que l'*i*.) Nous indiquerons ce son par un trait horizontal : *ā, ē, ī, ō, ū, ȳ*.

2° Pour l'*a* dans certaines combinaisons, à un son qui ressemble un peu à l'*o* du mot français *sort*. Nous l'indiquerons par un accent circonflexe *â*.

3° Pour l'*o*, dans quelques mots, au son de *ou* dans le mot français *pour*. Il sera indiqué par un accent circonflexe *ô*.

La prononciation *brève* correspond :

1° Pour *a, e, i, o, y,* au son qu'on leur donne en français. Nous l'indiquerons par un (˘) sur la voyelle : *ă, ĕ, ĭ, ŏ, y̆*.

2° Pour l'*e*, dans certaines syllabes, à un son qui ressemble quelque peu à un *i* très-bref, comme dans le mot français *vil*. Nous l'indiquerons par un tréma : *ë*.

3° Pour l'*o*, dans beaucoup de mots, à un son qui se rapproche de *eu* dans le mot français *peu*. Il sera indiqué par un tréma : *ö*.

4° Pour l'*u*, à deux sons différents, que nous représentons respectivement par *ŭ* et par *ü*. Le premier ressemble à celui de *eu* dans *peu*; l'autre se prononce comme *ou* bref dans le mot français *clou*.

30. Nous appellerons *sons alphabétiques* tous ceux qui sont indiqués par le trait horizontal; *sons brefs* ou *français* tous ceux qui sont représentés par le signe (˘); *sons mixtes* tous ceux qui sont indiqués par un accent circonflexe ou par un tréma.

31. Dans le tableau ci-joint, et dans les paragraphes suivants, le son de chaque voyelle est représenté par un monosyllabe français dont la voyelle ou diphthongue, imprimée en italique, exprime aussi exactement que possible le son de la voyelle anglaise.

Sons	Français	Alphabétiques.	Mixtes.	
de *a*	ă p*a*s	ā d*é*	å s*o*rt	
de *e*	ĕ s*e*l	ē p*i*re	ĕ v*i*l	
de *i, y*	ĭ, *ў* v*i*l	ī, *ȳ* h*ai*		
de *o*	ŏ f*o*sse	ō m*au*x	ŏ p*ou*r	ŏ p*eu*
de *u*	ŭ p*eu*	ū l*iou*be [1]	ü cl*ou*	

[Nous ne tenons pas compte ici de toutes les petites nuances presque insaisissables, et qu'il serait impossible de faire comprendre à l'élève par des signes conventionnels. Ainsi l'*u* a souvent un son indistinct, comme dans la terminaison suffixe *able*, dont on ne saurait préciser la valeur. On lui substituerait toute autre voyelle, que le son serait le même. On pourrait l'appeler le son *rapide*, car il résulte de la rapidité avec laquelle on prononce les mots lorsqu'ils sont unis à d'autres mots dans une phrase. En effet, lorsqu'on s'efforce de prononcer un mot tout seul pour en faire ressortir la prononciation, on la dénature presque toujours. C'est pourquoi nous ne saurions assez recommander aux professeurs de faire prononcer aux élèves des phrases entières. Car la cadence d'une phrase aide beaucoup l'oreille; la lecture des vers est aussi un excellent moyen pour corriger la prononciation.

L'*u* a un son mixte que nous avons renoncé à indiquer par un signe; d'abord parce qu'il n'est pas très-fréquent, et ensuite parce qu'il ne ressemble à aucun son français. C'est un son intermédiaire entre l'*ou* et l'*u* français, et il a lieu lorsque l'*u* est précédé d'un *j*, d'un *r*, d'un *s*, d'un *ch*, d'un *sh* ou d'un *gl*, comme dans *jury*, jury; *rule*, règle; *glu'tinous*, glutineux, etc. C'est au professeur à exercer les élèves à prononcer ce son.

Dans les mots *bu'sy*, occupé, et *bu'siness*, affaire, l'*u* se prononce *i*; dans *bu'ry*, ensevelir, on le prononce *e*.]

32. EXEMPLES :

hănd,	main	*sĕt,*	placer
māke,	faire	*ēve,*	la veille
ăll,	tout	*dĕbar,*	empêcher

---

[1] Entaille pratiquée pour le mât d'un navire.

ın,	dans		*lŏve*,	aimer
fīnd,	trouver		*bŭt*,	mais
hŏt,	chaud		*pūre*,	pur
mōst,	le plus		*fŭll*,	plein.
mŏve,	se mouvoir			

33. RÈGLES GÉNÉRALES. 1° *Lorsqu'une voyelle est suivie d'une consonne finale ou de deux consonnes, elle a le son français.*

2° *Si, au contraire, elle est suivie d'une voyelle, ou d'une consonne et d'une autre voyelle, elle a le son alphabétique.*

EXEMPLES :

fāte,	destin		*prō'tĕst*,	protestation.
făt,	gras		*mŏde*.	manière.
cede,	céder		*rŏd*,	bâton.
bĕd,	lit		*presūme'*,	présumer.
fīne,	mince		*sŭm*,	somme.
fĭn'ny,	muni de nageoires			

3° *Néanmoins, dans les mots de plusieurs syllabes, les voyelles des syllabes qui précèdent ou qui suivent une syllabe accentuée, sont brèves.*

Dans les *brèves*, nous comprenons ici aussi bien les sons français que ceux marqués d'un tréma.

L'*u* fait toujours exception à cette règle.

EXEMPLES :

accĕl'ĕrate,	hâter.		*pĕl'ican*,	pélican.
accliv'ity̆,	montée.		*rĕăn'imate*,	réanimer.
dĕc'imate,	décimer.		*sĕp'ărable*.	séparable.
disrĕp'ŭtable,	honteux.		*synŏn'y̆mous*,	synonyme.
intŏl'ĕrable,	intolérable.		*thĕŏd'ŏlite*,	théodolite.
lăc'ĕrate,	déchirer.		*uniform'*,	uniforme.

[On voit par là que l'accent a une influence très marquée sur la prononciation des voyelles ; à tel point, que plusieurs orthoépistes, et Smart surtout, se sont servis de ce moyen pour indiquer le son des voyelles même dans les cas qui ne sont pas compris dans la deuxième règle. Ce système, qui est assez commode pour les Anglais, n'est pas sans inconvénient pour les Français, attendu qu'il peut souvent induire en erreur par rapport à la division des syllabes. En voyant, par exemple, l'accent placé après le *t* dans le mot *nat'ural*, on serait tenté de croire que la première syllabe est *nat*, tandis qu'en réalité le *t* appartient à la deuxième syllabe. Pour éviter cette confusion, nous marquerons l'accent toujours de manière à indiquer en même temps la véritable division des syllabes. Ainsi nous écrirons : *na'tural* et non pas *nat'ural* : et nous ne nous dispenserons de marquer le son de la voyelle, que lorsque l'accent vient naturellement se placer après la consonne finale d'une syllabe brève. On voit du reste que la syllabe qui se termine en consonne obéit dans ces cas à la règle du n° 1.]

34. Les règles précédentes sont celles que suivrait un Anglais s'il devait introduire un nouveau mot dans sa langue [1].

---

[1] [En établissant hardiment, comme nous le faisons ici, trois règles générales dont les autres traités de prononciation (que nous sachions) ne font pas mention, nous nous sommes demandé si, dans l'enseignement d'une langue qui passe pour n'avoir aucune règle certaine de prononciation, il convenait de laisser l'élève abandonné à l'arbitraire absolu, au risque de ne jamais parvenir à le faire prononcer passablement, ou s'il ne valait pas mieux créer des règles, même arbitraires, pour lui donner un appui quelconque, sauf à marquer, par des signes faciles à saisir, les cas où ces règles ne seraient pas applicables?

Il est évident qu'en marquant tout, on a recours à un moyen empyrique, qui ne laisse aucune trace dans la mémoire. L'élève, dès qu'il est privé du livre muni des signes conventionnels qu'il a appris à lire, se trouve à peu près dans la position de celui qui n'a rien appris du tout.

Mais, lorsqu'il lui est permis de s'appuyer sur des règles, même arbitraires, il y aura au moins certains mots qu'il saura prononcer dans toutes les circonstances, et une partie de la tâche sera faite.

Ainsi, quand même les trois règles ci-dessus seraient tout à fait arbitraires, nous aurions la conviction d'avoir fait une chose utile en les formulant.

Mais, loin d'être arbitraires, elles sont au contraire l'expression réelle de *l'instinct* (qu'on veuille bien nous passer ce mot qui répond si parfaitement à notre pensée), de *l'instinct*, disons-nous, auquel obéit l'Anglais dans la prononciation si difficile de sa langue.

Nous ne prétendons pas, d'ailleurs, les avoir absolument inventées ; nous nous sommes plutôt attaché à réduire à un système les indications plus ou moins confuses que l'on en trouve dans la plupart des traités. Celui qui s'en est le plus rapproché, c'est Smart, le savant professeur d'élocution, auteur d'un nouveau *Dictionnaire de prononciation* fondé sur celui de Walker. C'est dans son ouvrage que nous avons surtout puisé les indications de ces règles, dont la généralité lui a néanmoins échappé.

Mais Smart travaillait pour des Anglais ; si, comme nous, il avait eu pour but d'enseigner la prononciation de sa langue à des étrangers, la généralité dont jouissent nos trois règles fondamentales, la nécessité de les établir, se serait bientôt présentée à son esprit.

On verra, par l'analyse que nous en faisons, que les exceptions qu'elles souffrent sont loin d'être considérables.]

Malgré cela, elles souffrent beaucoup d'exceptions, savoir :

35. Les sons mixtes ;
Les préfixes ;
La plupart des suffixes et des terminaisons ;
Les diphthongues, celles surtout formées avec *r* voyelle.
Désormais, nous ne marquerons le son des voyelles que lorsqu'il y aura exception à ces règles.

[Les monosyllabes qui font exception à la première règle, sont :
1° Ceux qui se terminent en *aste*, *ange*, *athe*, *imb*, *ign*, *ind*, *ild*, *igh*, *ithe*, *old*, *oll* ; ils sont au nombre de quatre-vingt-deux. Ex. : *clĭmb*, grimper ; *sīgn*, signe ; *hōld*, tenir.
2° Soixante-douze mots qui ne sont pas susceptibles de classification, tels que : *scārce*, rare ; *īsle*, île ; *yacht* (prononcez *iotte*), espèce de navire, etc.

Les dissyllabes qui font exception à la même règle sont ceux qui se terminent en *ble*, *cle*, *dle*, *fle*, *gle*, *kle*, *ple*, *tle*, *tre* (§ 63). La voyelle qui précède est alphabétique, et il faut qu'il y ait une troisième consonne pour lui donner le son français. Ex. : *tī'tle*, titre ; *lĭ'tle*, petit ; *mā'ple*, érable ; *ăp'ple*, pomme. Ces mots sont au nombre de trente-deux.

Ces monosyllabes et dissyllabes, combinés avec des préfixes, des suffixes, ou avec d'autres mots, gardent ordinairement leur prononciation primitive. Il y a cependant quelques exceptions ; on prononce par exemple, *chīld*, enfant ; *wīld*, sauvage ; mais on prononce *ch lĭl'ren*, enfants ; *wĭld'erness*, désert.

Ces combinaisons ne sont pas aussi nombreuses qu'on pourrait le croire ; car beaucoup de mots exceptionnels, tels que *once* (pr. *ouonnse*), une fois, *whīlst*, tandis que, etc., ne sont susceptibles d'aucune combinaison.

Beaucoup de ces exceptions, d'ailleurs, sont insignifiantes, puisqu'elles se réduisent à la substitution du son mixte *ŏ* au son *ŏ*.

La lettre *u* ne fournit presque pas d'exception.

Dans les polysyllabes, abstraction faite des préfixes et des suffixes qui forment des catégories à part, il n'y a d'exceptions que les combinaisons dont il est question plus haut (1).

---

1 [Telle est, en effet, la généralité de notre première règle, que dans leurs dictionnaires de prononciation, les Anglais indiquent la prononciation brève des voyelles dans les cas douteux, en marquant l'accent *après la consonne suivante*, pour que la syllabe ait l'apparence de se terminer en une consonne. Alors un Anglais se sent invinciblement en-

La deuxième règle générale est beaucoup moins constante que la première, bien qu'elle n'en soit à la rigueur qu'un corollaire. Car si deux consonnes produisent l'effet énoncé dans la première règle, l'absence de cette condition devrait produire l'effet contraire.

Mais la composition des mots, certaines relations étymologiques, et surtout l'influence de l'accent, indiquée dans la troisième règle, concourent à multiplier les exceptions. Toujours est-il que, dans la plupart des cas il est facile de se rendre compte de l'anomalie lorsqu'elle existe.

Ainsi, dans le mot *grid'iron* (gril), par exemple, où la deuxième et la troisième règle sont à la fois méconnues, il est aisé de voir qu'il s'agit ici d'un mot composé de *grid* et *iron*, dont chaque partie garde sa prononciation primitive; seulement, *grid* est un mot perdu, dont on trouve la trace dans le mot suédois *graedda*, cuire; l'autre mot, *iron*, veut dire *fer*; ainsi *grid'iron*, *fer à cuire*, gril.

Quoi qu'il en soit, il n'en est pas moins vrai, que lorsque ces influences contraires ne se rencontrent pas, la voyelle suivie d'une consonne et d'une autre voyelle a le son alphabétique. De même, la voyelle unique d'un monosyllabe, ou bien la voyelle immédiatement suivie d'un *e* muet, est alphabétique. Ex. : *by*, par ; *die*, mourir.

Il n'y a que très-peu de mots en anglais qui finissent en *a*, *i*, *o*, *u*; et la plupart sont empruntés à des langues étrangères. Mais ceux qui se terminent en *e* muet et en *y* sont extrêmement nombreux.

Or, ce sont d'abord les monosyllabes terminées en *e* muet, qui, à part dix-huit exceptions seulement, se prononcent tous d'après la deuxième règle. De ces exceptions, il y en a douze que l'on apprend nécessairement en étudiant la grammaire; les autres sont : *ère*, avant que, *dóve*, colombe; *shóve*, pousser; *lóve*, aimer; *glóve*, gant; *móve*, mouvoir.

Comme les mots gardent ordinairement leur prononciation primitive dans toutes leurs combinaisons, notre deuxième règle a lieu également pour tous les mots que l'on peut composer avec les monosyllabes terminés par *e* muet.

---

traîné, en isolant la syllabe du reste du mot, à prononcer la voyelle avec le son bref. Ainsi, par exemple, le mot *literal*, littéral, est marqué *lit'éral* dans le dictionnaire de prononciation, pour indiquer qu'il faut prononcer la première syllabe *li*, et non pas *li*. (§ 33 *.)

De même, par rapport à la deuxième règle générale, le dictionnaire indique la prononciation longue, en mettant l'accent *avant la consonne suivante*; il marque *mu'tilate*, mutiler, pour indiquer que la première syllabe se prononce *mū*.]

Quel que soit l'accent, la lettre *u* a constamment le son alphabétique avant une consonne suivie d'une voyelle.

Ce son subit néanmoins quelquefois une légère modification qui le rapproche un peu de l'*u* français, comme dans le mot *rude*, grossier. (§ 31.)

Il y a aussi beaucoup de mots sur lesquels les Anglais eux-mêmes ne sont pas d'accord. Ainsi, par exemple, Smart veut que l'on prononce *hŏs'tile*, hostile ; *mă'rĭtĭme*, maritime, etc., tandis que beaucoup d'Anglais instruits prononcent *hŏs'tile*, *mă'rĭtīme*, suivant notre règle.

Dans les dissyllabes et polysyllabes, l'accent intervient trop souvent pour que l'on puisse compter avec certitude sur plus de la moitié des cas en faveur de la règle. Mais partout où l'accent ne s'y oppose pas, la *règle a lieu*, comme dans *pī'rate*, pirate ; *pōma'tum*, pommade ; *prōfāne'*, profane ; *vīōla'tion*, violation ; *spā'cious*, spacieux ; *vōrā'cious*, vorace, etc.

En revanche, la troisième règle, *qui a lieu surtout* pour les polysyllabes, n'a que très-peu d'exceptions. L'*u* ne lui obéit pas, à la vérité ; l'*o* aussi prend assez souvent le son bref *ō* au lieu de l'autre son bref *ŏ*.

Mais *a*, *e*, *i*, *y* sont presque constamment brefs avant et après une syllabe accentuée.

Reste le doute sur la syllabe accentuée elle-même ; la voyelle d'une syllabe accentuée est-elle brève ou longue ? Nous n'hésitons pas à dire que lorsque le cas prévu par la première règle arrive, la voyelle est brève ; mais dans le cas de la deuxième règle, l'accent paraît avoir une tendance marquée à changer la voyelle longue en une brève, quand la syllabe accentuée est immédiatement suivie des suffixes *ăble,—ăcle,—ătive,—ĕrate,—ible,—ĭcal,—ĭtive,—ĭtude,—ĭcate,—ĭdate,—ĭnate,—ĭmal,—ulate*.

Exemples :

păr'able,	parabole.	*lăt'itude,*	latitude.
mĭr'acle,	miracle.	*dĕl'icate,*	délicat.
nĕg'ative,	négatif.	*cŏnsŏl'idate,*	consolider.
mŏd'erate,	modéré.	*nŏm'inate,*	nommer.
lĕg'ible,	lisible.	*ăn'imal,*	animal.
lyr'ical,	lyrique.	*mŏd'ulate,*	moduler.
pŏs'itive,	positif.		

En résumé, nous croyons avoir suffisamment prouvé :

1° Que notre première règle est d'une application presque universelle ;

2° Que la deuxième règle, quoique subordonnée à l'action de la troisième, comprend néanmoins un nombre de mots très-considérable ;

3º Que la troisième règle est aussi sûre dans son application que la première.

Le doute se réduit donc à savoir si c'est le son bref mixte ou le son français qu'il faut donner aux voyelles *e*, *o*, *u*.

Or, le son bref mixte, celui que nous indiquons par un tréma, résulte de la rapidité avec laquelle on prononce le mot ; c'est-à-dire que, si l'on prononçait lentement, si l'on se donnait le temps d'articuler clairement la voyelle, elle aurait le son alphabétique.

Ainsi, dans les mots *dĕfence'*, *com'ing*, etc., les sons *ĕ*, *o* sont des contractions de *ē*, *ō*.

Cette rapidité de prononciation est déterminée par la cadence du mot, et n'offre pas de difficulté sérieuse.

Tout ce qui a été dit jusqu'ici ne regarde que les **voyelles simples**; les diphthongues ne sauraient se réduire à des règles précises.]

36. La voyelle *a* a le son mixte dans les combinaisons de *al* avec toutes les consonnes autres que *f*, *m* et *v*.

Exemples : *băld*, chauve ;   *sălt*, sel ;   *wălk*, marcher.

37. Le son mixte *o* a lieu surtout dans les mots suivants :

prŏve,	prouver	*to*,	à
mŏve,	mouvoir	*wŏ'man*,	femme
lŏse,	perdre	*bŏ'som*,	sein
do,	faire	*tomb*,	tombeau.
who,	qui		

Le son *ö* se rencontre beaucoup plus souvent.

38. La voyelle *u* a le son mixte dans le cas prévu par la règle pour les sons français. Exemple : *füll*, plein.

39. L'*e* final se prononce dans les mots qui n'ont que cette voyelle, et dans les mots grecs et latins introduits dans la langue. Il a alors le son alphabétique.

[Lorsqu'un mot qui se termine en *e* reçoit un suffixe dont la première lettre est une consonne, l'*e* reste toujours et ne se prononce pas.

Mais si le suffixe commence par une voyelle, l'*e* final est rejeté.]

40. Les syllabes *am*, *an*, *em*, *en*, etc., qui sont nasales en français, ne le sont pas en anglais ; elles se prononcent pleines ; *enne*, *inne*, *onne*, etc.

41. En anglais, il ne suffit pas de dire qu'une voyelle est une lettre qui représente un son sans le secours d'une consonne ; il faut ajouter *qu'elle peut être prononcée entre deux consonnes.*

[Les grammairiens anglais comptent l'*y* pour une demi-voyelle, parce qu'au commencement des mots, lorsqu'il est suivi d'une voyelle, il n'admet pas l'article indéfini sous la forme *an*, comme les autres voyelles. Mais comme l'*u* a le même inconvénient lorsqu'il a le son alphabétique au commencement des mots, il faudrait le compter aussi parmi les demi-voyelles, ce qui choque la raison.

Nous avons donc rangé l'*y* parmi les voyelles pures, et nous avons donné à la voyelle une définition qui ne se prête à aucune équivoque.

Ainsi que toutes les autres voyelles, l'*y* peut se prononcer entre deux consonnes, comme dans le mot *pyg'my*, pygmée. D'un autre côté, beaucoup de consonnes, telles que *f*, *h*, *r*, etc., peuvent se prononcer sans le secours d'aucune autre lettre ; l'ancienne définition les classerait donc parmi les voyelles, ce qui est inadmissible. Par conséquent l'ancienne définition des consonnes et des voyelles est inexacte, et nous croyons ne rien risquer à maintenir la nôtre (Voyez *Smart*, *Dict. de Walker*, *Introd. note* 101).]

42. *R* et *W* ne peuvent donc pas se compter parmi les voyelles ; mais comme elles forment des diphthongues avec les autres voyelles, on ne peut non plus les compter parmi les consonnes. C'est pourquoi nous les appelons des demi-voyelles.

43. *R* est voyelle lorsqu'elle ne commence pas une syllabe et lorsqu'elle est suivie d'une consonne. C'est alors une articulation gutturale tellement légère, qu'il serait beaucoup moins incorrect de ne pas la prononcer du tout, que de la prononcer trop fort[1]

44. Le *w* a généralement le son de *ou* dans le mot français *oui*.

---

[1] [Chez nous, la lettre *r* est tantôt une consonne, comme dans *ray*, *tarry*, *merit*, et tantôt une voyelle gutturale. »

(*Smart, Introd. au Dict. de Walker*, § 33.)

« Je ne nie pas que l'on ne puisse articuler l'*r* fortement dans les mots où j'indique la vibration gutturale dans ce Dictionnaire ; mais on ne saurait le faire sans que l'oreille attribue à celui qui parle des habitudes propres d'un étranger, d'un provincial ou d'un Écossais. »]

(*Ibid.*)

wet,	humide	*wind.*	vent
well,	bien	*will,*	volonté.

Le mot *one*, un, se prononce comme s'il était écrit avec un *w*, savoir : *ouonne*. De même *once*, une fois (*ouonnse*).

Questionnaire.

27. Combien de sons différents peut-on admettre dans la prononciation des voyelles et des diphthongues ?

28. Combien de sons faut-il nécessairement admettre pour chacune des voyelles *a, e, u?* Combien pour l'*o?* Combien pour l'*i* et pour l'*y?*

29. Qu'est-ce que la prononciation longue des voyelles ? Celle de l'*a?* Celle de l'*o?* Quel est le signe conventionnel adopté dans cette grammaire pour indiquer ces derniers sons ? Comment indique-t-on ici le son alphabétique de toutes les voyelles ? Qu'est-ce que la prononciation brève, appelée *française*, des voyelles *a, e, i, o, y?* Quels sont les autres sons brefs de l'*e* et de l'*o?* Quels sont les sons brefs de l'*u?* Comment indique-t-on ici le son français ? Et les autres sons de l'*e*, de l'*o* et de l'*u?*

30. Comment appelle-t-on les sons indiqués dans cette grammaire par un circonflexe ou par un tréma ?

33. Quelles sont les trois règles générales pour la prononciation des voyelles ?

35. Quelles sont les exceptions les plus importantes à ces règles?

36. Dans quels cas la voyelle *a* a-t-elle le son mixte ?

37. Citez des mots où la voyelle *o* a le son mixte marqué d'un circonflexe.

38. Quand l'*u* peut-il avoir le son mixte marqué d'un tréma ?

39. Quand prononce-t-on l'*e* final?

40. Comment faut-il prononcer en anglais les syllabes qui sont nasales en français ?

41. Comment faut-il définir une voyelle en anglais ?

42. Pourquoi *r* et *w* sont-ils des demi-voyelles ?

43. Quand l'*r* est-il voyelle ?

44. Comment prononce-t-on le *w?* Comment prononce-t-on les mots *one* et *once?*

DES DIPHTHONGUES.

45. Les diphthongues peuvent se diviser en trois classes :

1° Diphthongues avec *r*, gutturales. Elles peuvent se diviser en brèves et en longues ; savoir :

BRÈVES [1].		LONGUES.	
Diphthongues.	Mots français.	Diphthongues.	Mots français.
ar	part	*are*	aire
ăr	sort	*ere*	pire
er	vert	*ire*	haïr
ir	vert	*ore*	maure
ŏr	sort	*ure*	gourte [2]
ōr	maure	*oor*	pour.
ur, ŭre	meurt.		

46.   EXEMPLES :

far,	loin	*in'jŭre,*	nuire
wărd,	pupille	*stare,*	regarder fixement
let'ter,	lettre	*here,*	ici
sir,	monsieur	*hire,*	salaire
fŏr,	pour	*more,*	plus
fōrd,	gué	*pure,*	pur
fur,	fourrure	*poor,*	pauvre.

Les syllabes contenant ces diphthongues gutturales sont presque toujours accentuées.

[Les syllabes qui ne sont jamais accentuées sont *ŭre*, et les suffixes *or* et *er*.

En général, il est rare que les syllabes contenant des diphthongues ne soient pas accentuées. Mais lorsqu'un mot a deux diphthongues appartenant à des syllabes différentes, il n'y a qu'une seule diphthongue accentuée.

La diphthongue *er* a quelquefois le son de *ar*, comme dans le mot *clerk*, commis de bureau.]

47. 2° Diphthongues qui ne contiennent pas l'*r*, et dont le son est toujours le même.

En voici le tableau :

Diphthongues.	Mots français.	Diphthongues.	Mots français.
ai,	pair	*eu*	lioube
ay,	dé	*ew*	
au	sort	*oa,*	maux
aw		*oi*	oyez.
ee,	pire	*oy*	

---

[1] Les brèves perdraient leur qualité de diphthongues gutturales, si elles étaient suivies d'une *r* ou d'une voyelle autre que *e*. Ainsi dans *arrōw*, la première syllabe n'est pas gutturale.

[2] Demeure des Kamtchadales.

EXEMPLES :

hair,	cheveux	*Eu'rope,*	l'Europe
lay,	poser	*new,*	nouveau
lau'rel,	laurier	*poi'son,*	poison
aw'ful,	solennel	*joy,*	joie
need,	besoin		

[On pourrait ajouter ici le *ie*, qui se prononce *aï* dans les mono-syllabes ayant cette terminaison. Mais souvent ce n'est pas du tout une diphthongue, et l'on prononce chaque voyelle séparé-ment : *aï-e*. Ex. : *di'et* (*daï-ete*), diète. Comme diphthongue, au milieu des mots, on le prononce *i*. Ex. : *pier* (*pire*), pile (d'un pont). Exception : *friend* (*frennde*), ami.]

18. A la vérité, il y a quelques mots où ces diphthon-gues se prononcent irrégulièrement, mais ils sont très-rares. On peut citer comme exemples *said*, dit (*cedde*); *aunt*, tante (*aante*); *again'*, derechef (*éguenne*).

[Voici quelques autres exceptions :

says (prononcez *sezze*).	.	.	.	dit (3e pers. du prés.).
laugh (« *laffe*).	.	.	.	rire.
draught (« *drafte*).	.	.	.	trait.
haut'boy (« *hoboï*).	.	.	.	hautbois.
sew (« *só*).	.	.	.	coudre.
door (« *dŏre*).	.	.	.	porte.
blood (« *bleudde*).	.	.	.	sang.
flood (« *fleudde*).	.	.	.	inondation.

Dans la terminaison *ain*, lorsqu'elle n'est pas accentuée, l'*ai* est presque muet, comme dans *cer'tain*, certain, que l'on prononce *cer't'n* (§ 60).

Ew, précédé de *j*, de *r* ou de *l*, prend le son exceptionnel de *u* dont nous avons parlé au § 34 *. Ce cas est rare.]

19. 3° Diphthongues sans *r*, dont le son est variable. Elles se trouvent dans le tableau suivant :

Diphth.	Mots français.	Diphth.	Mots français.
ea,	fait, pire.	*ou,*	aou, clou, peu, maux.
ei,	haï, pire, mets.	*ue,*	lioube, sel.
eo,	sel, maux.	*ui,*	lioube, haï, vil.
ey,	dé, vil.	*oo,*	pour, clou.
ow,	aou, maux.		

On s'aperçoit aisément que dans la plupart de ces diphthongues on ne prononce qu'une seule voyelle, et que l'autre est muette ; de sorte que nos signes conventionels du § 29 nous permettront d'indiquer ces sons, en mettant en italique la voyelle muette (§ 9), et en donnant à l'autre celui des trois sons qui lui appartient.

Quant au son *aou* de *ou* et de *ow*, nous l'indiquerons par un trait horizontal sur chacune des lettres. Le son bref de *oo* sera indiqué par ŏŏ.

Voici le tableau de ces indications :

Diphthongues	Son.	Diphthongues.	Son.
ĕa,	fait.	*ōū,*	aou.
ēa,	pire.	*ōw,*	maux.
eī,	haï.	*ōū,*	aou.
ēi,	pire.	*ôu,*	doute.
ĕi,	mels.	*ŏŭ,*	clou.
ĕo,	sel.	*oŭ,*	peu.
eō,	maux.	*ōu,*	maux.
ēo,	pire.	*ūe,*	lioube.
ĕy,	dé.	*uĕ,*	sel.
ey',	vil.	*ūi,*	lioube.
oo,	pour.	*ui,*	haï.
ŏŏ,	clou.	*uï,*	vil.

50.   EXEMPLES :

wĕa'ther,	temps.	flōw'er	fleur.
ēat,	manger.	flow,	couler.
heïght,	hauteur.	cōŭnt,	compter.
percĕive',	apercevoir.	wôund,	blesser.
hĕi'fer,	génisse.	wŏŭld,	voulut.
lĕo'pard,	léopard.	cŏŭn'try,	pays.
yeō'man,	vassal.	cōŭrse,	suite.
pēo'ple,	peuple.	dūe,	dû.
prĕy,	proie.	guĕst,	hôte.
val'ley,	vallée.	sūit,	procès.
moor,	maure.	guïde,	guide.
wŏŏd,	bois.	buïld,	bâtir.

[*Ow* a le son de l'*au* dans *maux*, à la fin des mots, excepté dans les monosyllabes suivants et leurs composés, où on le prononce *aou* :

bōw,	révérence.	sōw,	truie.
cōw,	vache.	vōw,	vœu.
hōw,	comment.	brōw,	front.
nōw,	maintenant.		

Et dans les dissyllabes suivants :

endōū, douer ;   *allōū*, permettre ;   *enōū*, assez.

Ui a quelquefois le son de *i*, comme dans *con'duit*, conduit.

Ou est une diphthongue très-variable ; elle a le son français dans les mots français adoptés dans la langue anglaise ; le son de *aou* dans les terminaisons *out* et *oun*, ainsi que dans les mots *our*, notre ; *hour*, heure ; *sour*, aigre ; *flour*, farine, et *devour*, dévorer, et lorsqu'elle est suivie de *se*, *ch*, ou *st*. Elle se prononce *o*, lorsqu'elle est suivie de *ld*, *lt* ou de *gh* muet, et dans la terminaison *ourse* ; elle a enfin le son de *eu* dans les terminaisons *ous* et *our*, et lorsqu'elle est suivie de *gh* prononcé comme *ff* et de *r* au milieu des mots.

Nous ne parlons pas de *ua*, *uo*, *io*, *ia*, parce que ce ne sont pas des diphthongues ; chaque voyelle se prononce séparément. *Uy* se prononce *aï* dans *buy*, acheter ; et *i* à la fin des mots.]

51. Les diphthongues *æ* et *œ* se rencontrent dans quelques noms propres grecs et latins. On les prononce *e* dans les syllabes accentuées, et *i* dans celles qui n'ont pas d'accent. Voici des exemples :

Æt'na,	prononcez	*Etna*.
Æne'as,	«	*Inïas*.
ŒEd'ipus,	«	*Edipeus*.
ŒEcha'lia,	«	*Ikélia*.

Questionnaire.

45. En combien de classes peut-on diviser les diphthongues ?
Combien de catégories y a-t-il de diphthongues avec l'*r* ?
Prononcez-les.
Conservent-elles leur qualité de diphthongues si elles sont suivies d'un *r* ou d'une voyelle autre que *e* ?

47. Prononcez les diphthongues invariables qui ne contiennent pas l'*r*.

48. Citez quelques mots exceptionnels où ces diphthongues éprouvent une légère variation.

49. Quelle circonstance y a-t-il qui permet d'appliquer aux diphthongues variables les signes conventionnels dont on se sert dans cette grammaire pour indiquer le son des voyelles ?
Comment applique-t-on ces signes aux diphthongues ?
Comment indique-t-on ici le son *aou* des diphthongues *ou* et *ou* ?
Et le son bref de *oo* ?

51. Comment prononce-t-on les diphthongues *æ* et *œ* ?

DES TRIPHTHONGUES ET DE QUELQUES COMBINAISONS EXCEPTIONNELLES.

52. On ne rencontre guère les triphthongues que dans les mots suivants :

flambeau' (prononcez *flammebó*). . . .	flambeau.
beau (« *bó*). . . .	petit-maître.
beau'ty (« *biouti*). . . .	beauté.
ewe (« *ioue*). . . .	brebis.
eye (« *aïe*). . . .	œil.
adieu' (« *adiou*). . . .	adieu.
lieuten'ant (« *leftenant*). . . .	lieutenant.

[Les triphthongues *iou*, *eou*, dont nous ne parlons pas ici, se rencontrent dans les suffixes dont il est question au § 59. *Iew* se prononce *iou*. Ex.: *Review'*, revue.]

53. Combinaisons avec *gh* muet.

igh se prononce toujours *aï*.
eigh, eight « « *é, étc*.
aught ¡ont le son de *âte* anglais, le *â* représentant
ought ¡le son mixte (§ 31).

EXEMPLES :

nigh,	proche.	*taught,*	enseigné.
light,	lumière.	*bought,*	acheté.
weigh,	poids.		

Questionnaire.

<table>
<tr><td>52. [Dans quels mots rencontre-t-on les triphthongues ?</td><td>53. Comment se prononcent les combinaisons igh, eigh, augh et ough ?</td></tr>
</table>

DES PRÉFIXES.

54. Les préfixes proprement dits sont des syllabes placées avant la racine pour en modifier le sens.

Il y a des préfixes *itératifs, augmentatifs, privatifs,* etc. Les grammairiens en comptent environ quarante-cinq.

[Il est ordinairement facile de distinguer les syllabes préfixes des autres ; néanmoins, l'*assimilation* des consonnes offre quelque difficulté.

On appelle *assimilation* le changement d'une consonne en une

autre pour faciliter et adoucir la prononciation. Ainsi le préfixe
ad se change par assimilation en *ac, af, ag, al, am, an, as, ar,
at*, lorsque la première lettre du mot radical est un *c*, un *f*, etc.
De même le préfixe *con* se change en *cog, col, com, cor*; le préfixe *e* prend un *f* devant les mots qui commencent par cette lettre;
in se change en *ig, im, il, ir*; *ob* en *oc, of, op*; *sub* en *suc, suf,
sum, sup*; et *syn* en *syl, sym, sys*.

L'assimilation n'a lieu qu'avec ces préfixes, qui sont d'origine
latine ou grecque.

Les autres suffixes provenant des langues anciennes sont *ab,
arch, archi, cata, co, de, di, dis, di, dia, en* et *em* (variantes de
in), *epi, equi, hypo, hyper, idio, non, para, peri, per, pre, pro,
re, super*.

Les préfixes d'origine saxonne sont : *a, be, for, mis, un*, et
l'ancien augment des participes passés *y*, aujourd'hui inusité, et
correspondant à l'augment *ge* des Allemands.

Voici quelques exemples de ces derniers :

a'loat'	flottant.	*mislay'*,	égarer.
bëspat'ter,	éclabousser.	*uncom'mon*,	rare.
förgive',	pardonner.	*yclad*	habillé.

Ces préfixes ne sont ordinairement appliqués qu'aux mots
d'origine saxonne (§ 340*)].

RÈGLE GÉNÉRALE POUR LA PRONONCIATION
DES PRÉFIXES.

55. Les préfixes qui se composent d'une voyelle, ou
bien d'une ou de deux consonnes suivies d'une voyelle,
ont le son alphabétique. EXEMPLE : *ĕvolve*, développer.

Mais lorsqu'ils sont accentués, la voyelle prend le son
français. Ex. : *prĕ'lude*, prélude.

Les préfixes *col, com, con, cor*, se prononcent avec l'*o*
français lorsqu'ils sont accentués. Ex. : *cŏl'lege*, collége,
cŏm'missary, commissaire.

S'ils ne sont pas accentués, l'o a le son de ö (§ 31). Ex.:
cöllec'tion, collection, *cöntain'*, contenir.

Les autres, tels que *ab, ex, in, dis, per, sub*, etc., qui se
composent d'une voyelle suivie d'une consonne, ou d'une
voyelle entre deux consonnes, ont constamment le son
français. EXEMPLES: *ăbstain'*, s'abstenir ; *ex'tract*, extrait.

[Le préfixe *dia* se prononce toujours *daïa*.
Les voyelles des préfixes dissyllabes *archi, cata, epi, equi*, etc ,

se prononcent constamment comme en français. Excepté *super*. dont l'*u* a le son alphabétique.]

56. Les préfixes ont souvent l'accent secondaire (§ 4), surtout dans les mots de plus de trois syllabes. Ils ont quelquefois l'accent principal dans les dissyllabes et trisyllabes, quand il s'agit de distinguer un nom d'un verbe qui lui ressemble. Ainsi *at'tribute* veut dire attribut, et *attrib'ute*, attribuer, etc.

Questionnaire.

54. [Que sont les préfixes ?

55. Comment prononce-t-on les préfixes qui se composent d'une voyelle ou bien de deux consonnes suivies d'une voyelle, lorsqu'ils ne sont pas accentués ?

Et lorsqu'ils le sont ?

Comment prononce-t-on les préfixes *col*, *com*, *con*, *cor*, lorsqu'ils sont accentués ?

Et lorsqu'ils ne le sont pas ?

Comment prononce-t-on les préfixes qui se composent d'une voyelle suivie d'une consonne, ou d'une voyelle entre deux consonnes ?

56. Les préfixes ont-ils quelquefois l'accent ?

Lequel, et dans quels cas ?]

DES TERMINAISONS SUFFIXES.

57. Nous entendons par *terminaisons suffixes*, ou par *suffixes*, les syllabes que l'on ajoute à la fin des mots pour les transformer, et les faire passer d'une partie du discours dans une autre, ou même pour en changer le cas, le nombre, etc. (§ 3).

58. Ces suffixes ne sont jamais accentués, et on les prononce très-rapidement.

Tout suffixe qui se termine en *ge*, se prononce avec le *g* doux. EXEMPLE : *Stop'page*, cessation.

L'*y* final, qui se rencontre dans plusieurs suffixes, a toujours la prononciation française. EXEMPLE : *Knot'ly*, plein de nœuds; *cool'ly*, froidement.

Néanmoins le suffixe *fy* se prononce toujours *faï*. EXEMPLE : *Magnify*, agrandir.

59. Il y a une classe très-importante de suffixes, qui mérite une mention particulière; ce sont ceux qui commencent par *c*, *d*, *s*, *t*, *x*, suivis d'un *i* et d'une autre voyelle, ou bien d'un *u*, quand il s'agit de *d*, *s*, *t*, *x*. Les Anglais ont une tendance très-marquée à prononcer ces sortes de combinaisons comme si elles commençaient par un *j*, un *dj*, ou un *ch* français. En voici la liste :

Suffixes.			Prononciation.
— *ceous*,	— *cial*,	— *ciate*,	ch's , — ch'l, — chete.
— *cient*,	— *cious*,	— *cion*,	ch'nt,— ch's, — ch'n.
— *sion*,	— *sian*,		ch'n.
— *sion*,	— *sian*.		j'n.
— *sial*,	— *seous*,	— *sure*,	ch'l , — ch's, — ch'r.
— *sial*,	— *seous*,	— *sure*,	j'l , — j's, — j'r.
— *tius*,	— *tious*,	— *teous*,	ch's.
— *tion*,	— *tium*,	— *tial*,	ch'n, — ch'm,— ch'l.
— *dial*,	— *dian*,		dj'l , — dj'n.
— *ture*,	— *tial*,		tch'r, — chéte.
— *tuous*,	— *xion*,		tchoueusse, — kch'n.

EXEMPLES :

offi'cial,	officiel.	*connëx'ion*,	liaison.
exten'sion,	étendue.	*guar'dian*,	tuteur.
colli'sion,	collision.	*vi'cious*,	vicieux.
cour'teous,	courtois.	*vir'tuous*.	vertueux.
mar'tial,	guenier.	*ini'tiate*,	initier.
na'ture,	nature.		

Dans ces suffixes, les lettres *ci*, *ti*, *si*, etc., sont en réalité des syllabes indépendantes ; mais elles sont réunies aux suffixes *al*, *ous*, etc. par la prononciation.

60. L'extrême rapidité avec laquelle on prononce la plupart des suffixes amortit, pour ainsi dire, les voyelles qu'ils contiennent, à tel point qu'on n'en saurait distinguer aucune avec précision. C'est là ce que nous avons tâché d'indiquer en mettant une apostrophe au lieu de la voyelle. La même remarque s'applique aux suffixes suivants :

Suffixes.		Prononciation.
— *al*, — *cal*,		'l,—c'l.
— *an*,— *gian*,		'n,—dj'n.
— *ed*, — *en*, — *er*, — *es*, — *et*,		'd,—'n,—'r,—'s,—'t.
— *ent*,— *est*,		'nt,—'st.
— *dom*,		d'm.
— *ship*,		chip.

EXEMPLES :

nä'tural,	naturel.	*writ'er*,	écrivain.
prépa'red.	préparé.	*rich'es*.	richesses.
wax'en,	de cire.		

61. Les suffixes *—ive,—ic,—ish,—ism,—ist,—ing*, se prononcent tous avec l'*i* français. Mais *ise* se prononce *aïse*.

EXEMPLES :

advert'ise,	annoncer.	*, civ'ic*	civique.
obstruct'ive,	obstructif.	*gen'tilism,*	paganisme.

62. Les suffixes *—ship,—less,—ness,—hŏŏd,—kin,—ment,—sŏme,—ful,—ŏr,—ŏry,—oŭs,—ock*, se prononcent un peu plus distinctement. Il en est de même des suivants :

Suffixes.	Prononciation.
— *age,*	edje.
— *able,*	ebbl.
— *ate,*	ette.
— *ar,*	er.
— *ant,* — *ance,*	ent, — ense.

EXEMPLES :

friend'ship,	amitié.	*hurt'ful,*	nuisible.
heed'less,	négligent.	*consid'erable,*	considérable.
lamb'kin,	petit agneau.	*a'lienate,*	aliéner.
sup'plement,	supplément.		

Questionnaire.

57. [Qu'entend-on par une terminaison suffixe ?

58. Les suffixes peuvent-ils recevoir l'accent ?
Comment prononce-t-on les suffixes qui se terminent en *ge* ?
Et ceux qui se terminent en *y* ?
Y a-t-il une exception ?

59. Comment prononce-t-on les suffixes qui commencent par *c, d, s, t, x* suivis d'un *i* ?
ou par *d, s, t, x* suivis d'un *u* ?

60. Quel est l'effet de l'extrême rapidité avec laquelle on prononce la plupart des suffixes ?

61. Comment prononce-t-on l'*i* dans les suffixes qui commencent par cette lettre ?
Y a-t-il une exception ?

62. Y a-t-il des suffixes qui se prononcent un peu plus distinctement ?
Citez-en quelques-uns ?]

DES TERMINAISONS NON SUFFIXES.

63. Ce sont celles qui ne changent pas la valeur grammaticale des mots.

Les terminaisons *ble, cle, dle, fle, gle, kle, ple, tle, tre,* se prononcent comme si l'*e* se trouvait entre les deux consonnes qui la précèdent ; on prononce *bel, del,* etc., ou mieux encore *b'l, d'l,* etc.

64. Dans les dissyllabes, ces terminaisons donnent le son alphabétique à la voyelle précédente, s'il n'y a pas une troisième consonne. EXEMPLES : *brī'dle,* bride ; *stā'ble,* étable ; *mē'tre,* mètre.

65. Les terminaisons *id, is, in, it,* ont l'*i* français.
Voici quelques autres terminaisons :

— *el,* — *op,* — *or,* — *ol,* prononcez *'l,* — *öp,* — *ör,* — * öt.*
  — *om,* — *on,* — *ton,*   «   *'m,* — *'n,* — *t'n.*
— *mour,* — *nour,* — *pour,*   «   *m'r,* — *n'r,* — *p'r.*
     — *sier,* — *zier,*   «   *j'r.*

66. Quelques terminaisons peuvent être accentuées, surtout lorsqu'elles appartiennent à des verbes.

EXEMPLES DE TERMINAISONS :

ori'dle,	bride.	*cot'ton,*	coton.
sta'ble,	étable.	*hŏn'our,*	honneur.
tri'fle,	bagatelle.	*va'pour,*	vapeur.
cen'tre,	centre.	*vi'zier,*	vizir.
min'gle,	mêler.	*rĕvenge',*	vengeance.
lĕ'vel,	niveau.	*rĕfrain',*	s'abstenir.

Questionnaire.

63. [Qu'est-ce que les terminaisons non suffixes ?

Comment prononce-t-on les terminaisons *ble, dle,* etc.?

64. Quel est l'effet que produisent ces terminaisons dans les dissyllabes sur la voyelle précédente ?

65. Prononcez quelques autres terminaisons.

66. Les terminaisons peuvent-elles être accentuées ? Dans quel cas surtout ?]

RÉCAPITULATION.

67. En anglais, l'*accent* veut dire le ton plus ou moins fort avec lequel on prononce une syllabe.

L'accent est le plus souvent sur la racine ou sur un préfixe, jamais sur un suffixe.

Il y a des mots qui peuvent avoir deux syllabes accentuées. L'accent le moins fort s'appelle *accent secondaire.*

68. Pour l'alphabet, voyez le § 6.

Pour les lettres muettes, voyez le § 8.

Le *g* est dur devant *a, o, u;* dur ou doux devant *e, i, y.*

H est fortement aspirée au commencement des mots.

Le *j* se prononce *dj.*

Qu se prononce *kou.*

R est consonne au commencement des mots et des syllabes.

S est dure au commencement des mots, et devant ou après les consonnes *c, f, k, p, t.*

Elle est douce à la fin après *b, d, g, l, m, n, r, w.*

Nous indiquons *g* doux et *s* doux par *ḡ, s̄.*

Pour les consonnes composées, voyez les §§ 18 à 26.

Le son des voyelles est indiqué dans le tableau suivant :

bref.	ă,	pas.	ĕ,	sel.	ĭ, ў,	vil.
alphab.	ā,	dé.	ē,	pire.	ī, ȳ,	haï.
mixte.	â,	sort.	ë,	vil.		
bref	ŏ,	fosse.	ŭ,	peu.		
alphab.	ō,	maux.	ū,	lioube.		
mixte. {	ô,	pour.	ü,	clou.		
{	ö,	peu.				

Une voyelle suivie d'une consonne finale, ou de deux consonnes, a le son français. Suivie d'une consonne et d'une voyelle, elle a le son *alphabétique.*

La voyelle d'une syllabe qui précède ou qui suit une syllabe accentuée est brève. EXEMPLE : *Sĕ* | *na* | *to'* | *ri* | *ăl.* Dans ce mot, les voyelles des syllabes *na* et *ri* sont brèves.

Néanmoins l'*u* a toujours le son alphabétique devant une consonne suivie d'une voyelle. EXEMPLE : *com* | *pu-ta'* | *tion.* Dans ce mot, la voyelle de la syllabe *pu* est longue, malgré l'accent sur la suivante.

Il n'y a pas de son nasal en anglais, excepté *ng.*

R voyelle n'est qu'une légère articulation gutturale.

W se prononce comme *ou* dans *oui.*

Pour les diphthongues avec l'*r*, consultez le § 45.

Pour les diphthongues invariables sans *r*, voy. le § 47.

Pour les diphthongues variables, consultez le § 49.

Combinaisons de *gh* muet :

igh,	aï.		*aught*	
eight,	éte.		*ought*	âte *anglais*.

Les préfixes *de*, *e*, *bi*, *di*, *be*, ont le son alphabétique
lorsqu'ils ne sont pas accentués.

Col, *com*, *con*, *cor* ont l'*o* français lorsqu'ils sont accentués.

Ab, *ex*, *in*, *dis*, *per*, *sub*, etc. ont le son bref ou français.

Les préfixes ont quelquefois l'accent secondaire.

Les suffixes ne sont jamais accentués. On les prononce
avec une extrême rapidité. Voyez les §§ 57 à 62.

Les lettres *c*, *d*, *s*, *t*, *x*, suivies de *i* et d'une autre voyelle,
ou bien d'un *u*, ont le son de *j*, *dj*, ou *ch* français, surtout dans les suffixes.

Les terminaisons non suffixes *dle*, *fle*, etc., se prononcent *d'l*, *f'l*, etc.

Les terminaisons non suffixes sont souvent accentuées.

69. Le tableau suivant comprend toutes les règles de
la prononciation anglaise expliquées dans les paragraphes précédents.

[En résumé, le système de prononciation que nous venons d'ex-
poser, se fonde sur ces quatre principes :

1º Qu'il faut traiter les préfixes et les suffixes à part, comme
des syllabes obéissant à des lois de prononciation spéciales :

2º Que pour la prononciation des voyelles simples, il faut,
pour fixer les idées, établir des règles fondées sur les tendances
avouées de la prononciation anglaise, sans s'inquiéter des exceptions, qui sont loin d'être aussi nombreuses que les préjugés et
l'absence de système l'ont fait croire jusqu'ici;

3º Que pour écarter de nombreuses anomalies apparentes dans
la prononciation des voyelles, il faut traiter l'*r* comme une demi-
voyelle, et classer ses combinaisons avec les voyelles pures parmi
les diphthongues;

4º Qu'il y a une tendance marquée à accentuer les syllabes
contenant des diphthongues; et que, par conséquent, la place de
l'accent, qui joue un rôle si important dans la prononciation, est,
dans un très-grand nombre de cas, déterminée à l'avance.

Tant que l'on négligera la distinction entre préfixes, radicales
et suffixes au point de vue de la prononciation; tant que l'on
s'appuiera sur quelques mots exceptionnels pour nier la possibilité d'établir des règles, tant que l'on refusera à l'*r* la place qui

lui convient, la prononciation de la langue anglaise continuera d'être un chaos indéchiffrable.

Mais le terrain une fois déblayé systématiquement, comme nous venons de le faire, on s'apercevra que beaucoup d'anomalies n'étaient qu'apparentes, que celles qui restent ne font pas une difficulté sérieuse, et que la véritable incertitude est presque complétement limitée aux diphthongues variables.]

Nota. A l'avenir, on n'indiquera la prononciation dans cette grammaire que lorsqu'elle s'écartera des règles énoncées. Dans beaucoup de cas, la place de l'accent sera une indication suffisante. (§§ 33, 55.)

70.   **Alphabet.**

a, b, c. d, e, f, g, h, i, j, k, l, m, n, o, p, q, r, s, t, u, v, w, x, y, z.
Consonnes : b, c, d, f, g, h, j, k, l, m, n, p, q, r, s, t, v, x, z.
Voyelles : a, e, i, o, u, y.   *Demi-voyelles* : w, r

Lettres muettes.

lam*b*, de*b*t, späd*e*, phle*g*m, *g*naw, Juda*h*, *k*now, half, wâ*l*k,
     ca*l*m, ca*l*ves, condem*n*, *p*sal*m*, temp*t*, *w*rong.
Voy. pour l'explication le § 8.

Consonnes.

G dur : ga, go, gu; ge, gi, gy.
G doux : ḡe, ḡi, ḡy (pron. *dj*).
H fortement aspirée au commencement.
J pron. *dj*.
R consonne, au commencement des syllabes.
S dur : au commencement des mots ;
            cs, fs, ks, ps, ts.

S doux : bŝ, dŝ, gŝ, lŝ, mŝ, nŝ, rŝ, wŝ, à la fin.
Voy. pour l'explication les §§ 10 *à* 17.

Consonnes composées.

ch, prononcez *tch*.	*ph*, pron. *f.*	*th* dur : *th.*
ck, « *kk.*	*sh*, « *ch*	*th* doux : *ĩh.*
gh, « *ff* ou muet.		
ng, « nasal.		

Voy. pour l'explication les §§ 18 *à* 26.

Voyelles.

Sons :

Bref.	ă,	pas.	ŏ,	fosse.	ŭ,	p*eu.*	ĕ,	sel.	ĭ, ўˇ, vil.
Alphab.	ā,	dé.	ō,	maux.	ū,	l*ioube.*	ē,	pire.	ī, ȳ, ha*ï.*
Mixte.	â,	sorl.	ô,	pour.	ü,	clou.	ë,	vil.	
			ō,	p*eu.*	w,	*oui.*			

Voyez pour l'explication les §§ 27 à 44.

Diphthongues avec *r*.

ăr,	sort.	ŏ*r,*	sort.	*are,*	*aire.*	*ore,*	*maure.*
ar,	part.	ō*r,*	*maure.*	*ere,*	*pire.*	*ure,*	*yourte.*
er,	vert.	*ur, ŭre,* meurt.	*ire,*	*haïr.*	*oor,*	pou*r*
ir,	vert.						

Diphthongues sans *r* (invariables).

ai,	p*air.*	*ie* }		*oa,*	*maux*
ay,	dé.	*ee* } *pire.*		*oi* }	
au }		*ew* }		*oy* } *oyez.*	
aw }	sort.	*eu* } *lioube.*			

Diphthongues sans *r* (variables).

ĕa,	fait.	*uĕ* }		*ōw̄* }		*eў* }	vil.
ĕï,	mets.	*ĕo* } sel.		*ōū* } *aou.*		*uǐ* }	
ēa)		*eō*)		*ŏŭ,*	clou.		
ĕï }	pire.	*ōu* } maux.		*ôu,*	doute.		
ēo)		*ōw*)		*oŭ,*	peu.		
eī }	haï.	*oo,* } pour.		*ūe* } *lioube.*		
uï }		*ŏŏ,* } clou.		*ūï* }		
ĕy,	dé.						

Voyez pour l'explication les §§ 45 à 51.

Combinaisons de *gh* muet.

igh,	aï ;	*aught* } *âte anglais.*
eight,	éte ;	*ought* }

Préfixes.

Son alphabétique : *de, e, bi, di, be* (*non accent*).
Son bref : *dis, for, mis, non, per, sur, pre, col, com,* etc.
Voy. pour l'explication les §§ 54 à 56.

Suffixes

(TOUJOURS TRÈS-BREFS).

ceous, cious, seous, tius, tious, tceous,	ch's.
cial, sial, tial,	ch'l.
sion, sian, sial, seous, sure,	j'n, j'l, j's, j'r.
dial, dian,	dj'l, dj'n.
ture, tiate, tuous,	tch'r, chéte, tchoueusse.

Voyez pour l'explication les §§ 57 à 62.

Terminaisons non suffixes.

ble, dle, fle, gle, kle, ple, tle, tre,	b'l, d'l, f'l, etc.
id, is, in, it, comme en français.	
el, ge, on, ton, mour, nour, etc.,	'd, dj, n', t'n, m'r, n'r, etc.

Voyez pour l'explication les §§ 63 à 66.

Questionnaire.

67. [Que veut dire l'*accent* en anglais ?

Quelle est sa place ordinaire ?

Peut-il y avoir dans un mot deux syllabes accentuées ?

68. Récitez toutes les lettres de l'alphabet anglais avec leur prononciation.

Quelles sont les lettres susceptibles d'être muettes dans certains cas ?

Expliquez les règles de la prononciation du *g*, de l'*h* et du *j*, ainsi que des lettres *q*, *r*, *s*.

Combien y a-t-il de consonnes composées ?

Prononcez-les.

Comment indique-t-on dans ce livre les consonnes douces *g, s, t* ?

Expliquez ce que c'est que le son français, le son alphabétique et le son mixte des voyelles simples ?

Comment indique-t-on ces sons ?

Dites les trois règles générales pour la prononciation des voyelles simples.

Quel est le son de *r* voyelle ?

Et celui du *w* ?

Citez quelques diphthongues contenant l'*r*.

Citez quelques diphthongues sans *r*, invariables.

Citez-en d'autres variables.

Prononcez quelques combinaisons avec *gh* muet.

Comment prononce-t-on les préfixes accentués ?

Et ceux qui ne le sont pas ?

Les suffixes sont-ils accentués ?

Comment prononce-t-on les suffixes qui commencent par *ci, ti, si,* etc., et qui finissent par *ous, us, ou,* etc. ?

Comment prononce-t-on les terminaisons non suffixes *dle, fle,* etc. ?]

DEUXIÈME PARTIE.

DES MOTS.

71. Il y a en anglais dix sortes de mots : le *nom* ou *substantif*, l'*article*, l'*adjectif*, le *pronom*, le *verbe*, le *participe*, l'*adverbe*, la *préposition*, la *conjonction* et l'*interjection*.

72. Les mots sont *variables* ou *invariables*.

Il n'y a en anglais de mots variables que le *nom*, le *pronom*, le *verbe* et l'*adjectif*.

DU NOM.

73. Le *nom* ou *substantif* est un mot qui sert à nommer un être, une personne, un animal ou une chose ; comme *Paul, Henri, le cheval, la maison.*

74. On appelle *noms communs* ceux qui expriment ce que nous apercevons par nos sens ; comme *étoile, champs,* etc. *Noms abstraits,* ceux qui expriment ce que l'on aperçoit par la pensée seulement, comme *vertu, courage, sagesse, haine,* etc. *Noms collectifs,* ceux qui expriment un ensemble de choses ou de personnes de la même espèce, comme *gens, assemblée,* etc. *Noms propres,* les noms des personnes, des villes et des pays, comme *Henri, Vienne, France.*

75. Il y a dans les noms deux nombres : le *singulier,* quand on parle d'une seule personne ou d'une seule chose ; le *pluriel,* quand on parle de plusieurs personnes ou de plusieurs choses.

76. En anglais, on forme le pluriel :

1° Pour les mots qui se terminent en *ch, sh, s, x, z* et *o* après une consonne, en ajoutant le suffixe *es.*

EXEMPLES :

Singulier.		Pluriel.
church,	église,	*church'es*.
marsh,	marais,	*marsh'es*.
dress,	habit,	*dress'es*.
fox,	renard,	*fox'es*.
në'gro,	nègre,	*në'groes*.

[Les mots étrangers suivants qui se terminent en *o* précédé d'une consonne, ne reçoivent qu'un *s* au pluriel.

Singulier.		Pluriel.
can'to,	chant (d'un poëme) . .	*can'tos*.
grot'to,	grotte	*grot'tos*.
por'tico,	portique	*por'ticos*.
quar'to,	in-quarto	*quar'tos*.
so'lo,	solo (musique) . . .	*so'los*.
tyro,	commençant	*ty'ros*.]

2o **Pour ceux qui se terminent en** *f*, **ou** *fe*, **si ces terminaisons ne sont pas précédées de** *oo*, *ie*, *f*, **ou** *r*, **en changeant** *f* **ou** *fe* **en** *ves*.

EXEMPLES :

Singulier.		Pluriel.
calf,	veau,	*cal'ves*.
life,	vie,	*li'ves*.
hoof,	sabot (d'un cheval).	*hoofs*.

[Néanmoins *thief*, voleur, fait *thiev'es* au pluriel.
Les mots qui se terminent en *ff*, ne prennent qu'un *s*; ainsi *cliff*, rocher escarpé, fait *cliffs*; *stuff*, étoffe, fait *stuffs*.]

3o **Pour ceux qui se terminent en** *y* **précédé d'une consonne, en changeant** *y* **en** *ies*.

EXEMPLES :

Singulier.		Pluriel.
glo'ry,	gloire,	*glo'ries*.
val'ley,	vallée,	*val'leys*.

4o **Pour tous les autres noms, en ajoutant le suffixe** *s*.

EXEMPLES :

Singulier.		Pluriel.
horse,	cheval,	*horses*.
tree,	arbre,	*trees*.

77.

man,	homme,	*men.*
wŏ'man,	femme,	*wo'men (ouĭm'men).*
fŏŏt,	pied,	*feet.*
chīld,	enfant,	*chĭl'dren.*
sheep,	mouton,	*sheep.*
ox,	bœuf,	*ox'en.*
goose,	oie,	*geese.*
mōūse,	souris,	*mice.*
tooth,	dent,	*teeth.*
pen'ny,	décime,	*pence.*

78. On emploie au singulier seulement :

1° Tous les noms abstraits (§ 74), lorsqu'ils ne sont pas appliqués à quelque objet spécial. EXEMPLE : *Hā'tred,* la haine.

Par conséquent la plupart des noms terminant en — *ness,* — *ance,* — *logy* et — *graphy.*

2° Tous les métaux, les denrées, et les articles bruts de commerce. EXEMPLE : *Gold,* l'or.

Il y en a cependant parmi ces derniers qui ne s'emploient qu'au pluriel. EXEMPLE : *Spĭ'rits,* liqueurs spiritueuses.

79. Quelques mots ont le sens du singulier avec la terminaison du pluriel.

EXEMPLES :

news,	nouvelle.
mëans,	moyen.
alms,	aumône.

Quelques mots s'emploient au pluriel sans en avoir la terminaison.

EXEMPLES :

catt'le,	bétail.
fish,	du poisson.
horse,	cavalerie.

[*Fish* s'emploie aussi au singulier dans le sens de *poisson,* et *horse* dans le sens de *cheval. Deer,* cerf, a aussi la même forme au pluriel qu'au singulier.

People ne s'emploie qu'au pluriel dans le sens de *gens ;* mais dans le sens de *nation,* on l'emploie au singulier, et il fait *peoples,* nations, au pluriel. Cette dernière forme est un peu ancienne, mais depuis quelques années on s'en sert de nouveau assez fréquemment.

Quelques noms ont deux pluriels, dont chacun a un sens différent.

brother	*broth'ers,*	frères.
	breth'ren,	frères (dans le sens religieux.
penny,	*pen'nies,*	pièce de 10 centimes.
	pence,	valeur monétaire de plusieurs de ces pièces.
die	*dice.*	dés (à jouer).
	dies,	coins pour frapper de la monnaie.

D'autres ne changent pas au pluriel. EXEMPLE : *Se'ries*, série ; *spe'cies*, espèce.]

80. Les noms latins admis dans la langue anglaise font leur pluriel comme en latin.

EXEMPLES :

is se change en *es;*	*the'sis,*	thèses,	*theses.*
ex « *ices;*	*a'pex,*	sommet,	*apices.*
a « *œ;*	*lăm'ina,*	plaque,	*lămĭnœ.*
um « *a;*	*erra'tum,*	erreur,	*errata.*
us « *i;*	*ra'dius,*	rayon,	*radĭī.*
« *era,*	*gĕ'nus,*	genre,	*gĕnĕra.*

81. Les noms propres suivent la règle générale. (§ 76.)

Questionnaire.

71. [Combien de sortes de mots ou de parties du discours y a-t-il en anglais ?
Dites-les.

72. Quels sont les mots variables ?

73. Qu'est-ce que le *nom* ou le *substantif?*

74. Qu'est-ce qu'un nom commun ?
Un nom abstrait ?
Un nom collectif?
Un nom propre ?

75. Combien de nombres y a-t-il ?

76. Comment forme-t-on en anglais le pluriel pour les noms qui se terminent en *ch, sh s, x,* *z* et *o* après une consonne ?
Citez-en des exemples.
Et pour les noms qui se terminent en *f* ou *fe*, si elles ne sont pas précédées de *oo*, *ie*, *f*, ou *r* ?
Citez-en des exemples.
Et pour les noms qui se terminent en *y* précédé d'une consonne ?
Citez-en des exemples.
Et pour tous les autres noms ?
Exemples.

77. Citez des noms dont les pluriels sont irréguliers.

78. Quels sont les noms que l'on emploie au singulier seulement?

Exemples.

Y en a-t-il qui ne s'emploient qu'au pluriel?

Exemple.

79. Citez quelques noms qui ont le sens du singulier avec la terminaison du pluriel.

Et d'autres qui s'emploient au pluriel sans en avoir la terminaison.

80. Comment les noms latins admis dans la langue anglaise font-ils leur pluriel?

Comment ferez-vous par conséquent le pluriel d'un nom qui se termine en *is*?

Ou en *ex*?

En *a*?

En *um*?

En *us*?

Citez-en des exemples.

81. Comment fait-on le pluriel des noms propres?]

DU GENRE.

82. En français, il n'y a que deux genres : le *masculin* et le *féminin;* en anglais, il y en a un troisième, qu'on appelle genre *neutre.*

83. Les noms d'homme sont masculins.

Les noms de femme sont féminins.

Tous les autres noms sont neutres.

EXCEPTIONS :

Les navires de toute espèce sont féminins.

  chĭld, enfant, est neutre.
  ba'by, nourrisson, est neutre.

Néanmoins les naturalistes donnent souvent le genre masculin aux animaux mâles, et le féminin aux femelles, pour éviter des circonlocutions gênantes[1].

[La plupart des grammairiens admettent comme règle générale que les noms des animaux sont masculins lorsqu'on parle des mâles, et féminins lorsqu'on parle des femelles. C'est faire une règle d'une simple préférence. En admettant cela, l'élève se trouverait souvent dans le cas de croire que les meilleurs auteurs ne savaient pas leur langue; car il n'y a pas d'auteur où l'on ne trouve les mâles et les femelles des animaux désignés comme neutres. Ce qu'il y a de vrai, c'est que l'on aime à distinguer les genres dans les animaux domestiques les plus communs ; et que,

---

[1] Dans les personnifications, on attribue le masculin au soleil, le féminin à la lune, à l'Église considérée comme corps moral, aux nations et aux villes.

lorsque la clarté l'exige, on en fait autant pour les autres. Mais, même dans les ouvrages des naturalistes, on trouve constamment le neutre, dès qu'il n'est pas nécessaire de distinguer les sexes. Dans tous les cas, ce ne serait jamais une faute que d'appliquer le neutre à un animal, quel que fût son sexe.

EXEMPLES :

Were my̅ ad'vice fol'lowed, he should do pĕ'nanee in the shape of a hog, which in life he most resem'bled.

GOLDSMITH.

Si vous vouliez suivre mon avis, vous le puniriez en lui faisant prendre la forme d'un porc, animal auquel il ressemblait le plus pendant sa vie.

The li'on roars o'ver its cap'tive, the ti'ger sends forth its hi'deous shriek to inti'midate its prey.

GOLDSMITH.

Le lion rugit sur son captif; le tigre pousse son cri horrible pour terrifier sa proie

The prin'cipal tints un'der which the male cross-bill presents' itself, are more or less of a brick or vermi'lion red.

KNIGHT's PENNY-CYCLOPAED. Article *Loxia*.

Les teintes principales que présente le bec-croisé mâle, sont plus ou moins d'un rouge de brique ou vermeil [1].]

84. On donne aussi le masculin et le féminin aux mâles et aux femelles de certains animaux que l'on indique par des mots différents. En voici la liste :

Mâles.			Femelles.	
boar,	sanglier.		*sōw̄* {	laie.
hog,	porc.			truie.
buck,	daim.		*doe,*	daine.
bü̈ll,	taureau.		*cōw,*	vache.

[1 Ce dernier exemple, tiré au hasard d'une excellente Encyclopédie moderne, riche en articles d'histoire naturelle écrits par des hommes spéciaux, est d'autant plus remarquable, qu'il prouve que les naturalistes eux-mêmes ne se croient pas obligés d'appliquer le pronom masculin ou féminin aux animaux quand ils en désignent le sexe. Nous pourrions citer beaucoup d'autres exemples semblables, tirés du même ouvrage, qui, en revanche, en contient d'autres plus nombreux encore, où la distinction des genres est maintenue. Pour notre objet, il suffit d'avoir prouvé qu'il est faux de dire que tout ce qui est mâle est masculin, et que tout ce qui est femelle est féminin.]

	Mâles.			Femelles.	
Bull'lock *steer* }	bouvillon.		*hëï'fer*,	génisse.	
cock,	coq.		*hen*,	poule.	
dog,	chien.		*bitch*,	chienne.	
drake,	canard.		*duck*,	cane.	
gan'der,	jars.		*goose*,	oie.	
hart *stag* }	cerf.		*roe* *hïnd* }	biche.	
horse,	cheval.		*mare*,	cavale.	
ram,	bélier.		*ewe*,	brebis.	

[On se sert quelquefois des mots *buck, cock, hë*, pour désigner les mâles, et des mots *hen, shé*, pour désigner les femelles de certains animaux, en les combinant avec leurs noms à l'aide d'un trait d'union.

EXEMPLES :

Buck-rab'bit,	lapin mâle.	*He-goat*,	bouc.
Cock-spar'row,	moineau mâle.	*She-goat*,	chèvre.]
Hen-par'tridge,	perdrix femelle.	*Bull-ëlephant*,	éléphant mâle.

85. Il y a aussi des formes masculines et féminines pour certains états d'hommes et de femmes. En voici la liste :

	Masculins.			Féminins.
ac'tor,	acteur.		*ac'tress*,	actrice.
bach'elor,	garçon (non marié).		*spin'ster*,	fille (non mariée).
boy,	garçon.		*girl*,	fille.
bride'groom,	fiancé.		*bride*,	fiancée.
bröth'er,	frère.		*sis'ter*,	sœur.
ëarl,	comte.		*cöünt'ess*,	comtesse.
fath'er,	père.		*möth'er*,	mère.
frï'ar,	moine,		*nun*,	religieuse.
hus'band,	mari.		*wife*,	épouse.
king,	roi.		*queen*,	reine.
lord,	seigneur.		*la'dy*,	dame.
man,	homme.		*wö'man*,	femme.
mas'ter,	maître.		*mis'tress*,	maîtresse.
neph'ew,	neveu.		*nièce*,	nièce.
son,	fils.		*daugh'ter*,	fille.
un'cle,	oncle.		*aunt*,	tante.
wid'ower,	veuf.		*wid'ow*,	veuve.

Il y a aussi des mots qui sont masculins et féminins à la fois; on dit alors qu'ils sont du genre *commun*. EXEMPLE : *Saint*, saint ou sainte.

82. [Combien de genres y a-t-il en anglais?

83. Quels sont les noms masculins? Les noms féminins? Les noms neutres? Citez quelques exceptions. Les noms des animaux mâles et femelles prennent ils quelquefois le masculin ou le féminin?

84. Citez des noms d'animaux qui ont des formes différentes pour le masculin et pour le féminin.

85. Citez quelques noms qui expriment des états d'homme ou de femme, et qui ont des formes différentes pour chacun de ces états. Y a-t-il des mots qui sont masculins et féminins à la fois? Désigne-t-on ce cas par une dénomination spéciale? Exemple.]

DES ARTICLES.

86. Les articles sont des mots que l'on place devant les noms pour indiquer soit la personne ou la chose, soit l'espèce de personne ou de chose dont il est question, soit enfin la quantité d'une denrée ou autre chose semblable.

Quand on indique la personne ou la chose dont il s'agit, on se sert de l'*article défini*, THE, le, la.

En disant : *La maison*, on distingue une certaine maison, celle dont on parle, des autres maisons.

Quand on indique l'espèce de personne ou de chose dont il s'agit, on se sert de l'*article indéfini*, A, un, une.

En disant : *Une maison*, on distingue l'espèce de chose appelée *maison* de toute autre espèce de chose, mais on n'indique pas *telle maison*.

Quand il s'agit d'une denrée ou chose semblable, dont on prend une quantité, mais sans dire combien, on emploie l'article *partitif*, SÖME OU ANY.

87. Les articles sont invariables.

The s'emploie au singulier et au pluriel.

A s'emploie au singulier seulement.

Söme s'emploie au singulier et au pluriel comme article partitif; on l'emploie aussi au pluriel comme article indéfini, dans le sens de *quelques*.

Any s'emploie au singulier et au pluriel, dans un sens interrogatif, dubitatif ou négatif.

EXEMPLES .

Singulier.		Pluriel.	
the stone,	la pierre.	*the stones,*	les pierres.
a man,	un homme.	*men,*	des hommes.
		some men,	quelques hommes.

sŏme corn,	du blé.
give me sŏme corn,	donnez-moi *du blé.*
have yŏŭ any corn?	avez-vous du blé?
I will not have any corn,	je ne veux *pas de* blé.

[On peut aussi employer *some* au singulier dans le sens de *quelque.* EXEMPLE : *If some per'son wĕre to call,* si quelque personne venait.]

88. On ne met pas d'article :

1° Devant les noms abstraits (§ 54) lorsqu'on s'en sert dans un sens général;

2° Devant les métaux, les denrées, les articles bruts de commerce, lorsqu'on en parle d'une manière indéfinie;

3° Devant les noms propres.

EXEMPLES :

Dans les phrases :

La haine est une mauvaise passion.	*Hă'tred is a bad pas'sion.*
La géologie est la science qui traite de la composition du globe.	*Gĕŏ'logy is the sci̇ĕnce which treats of the composi̇'tion of the globe.*
Le fer est plus précieux que l'or.	*I'ron is more prĕ'cious than gold.*
Le vin est souvent un médicament utile.	*Wine is of'ten a use'ful mĕ'dicine.*
Le sucre vient des Antilles.	*Sŭ'gar còm'es from the West-In'dies.*

On ne met pas d'article en anglais devant *haine, géologie, fer, or, vin, sucre,* parce qu'on en parle dans un sens général, sans dire *quelle haine, quelle géologie,* etc.

Mais dans les phrases suivantes :

La géologie de la France est très-intéressante.	*The gĕŏ'logy of France is vĕ'ry intĕres'ting.*
Le fer de *Suède* est très-estimé.	*The i'ron of Swe'den is much esteem'ed.*
Le sucre des Antilles est très-doux.	*The sŭ'gar of the West-In'dies is vĕ'ry sweet.*

On met l'article devant *géologie, fer, sucre,* parce qu'on dit *quelle géologie,* etc.

Au contraire, on ne met pas d'article devant *France, Suède,* parce que ce sont des noms propres.

89. Néanmoins les noms propres ont l'article défini au pluriel, lorsqu'ils le prennent en français. Ainsi, *les Antilles, les Milton,* ont l'article en anglais; mais *des Milton, des Cook* n'en prennent pas.

[Certains mots, qu'il est difficile de classer, ne reçoivent pas d'article. Ce sont : *man,* dans le sens de *mankind',* la race humaine ; *wŏ'man,* dans le sens de *wŏmankind',* le sexe féminin ; *earth,* le globe terrestre ; *hĕa'ven,* le ciel (dans le sens religieux); *hell,* l'enfer ; *pä'radise,* le paradis ; *pur'gatòry,* le purgatoire; *socie'ty,* la société humaine ; *par'liament,* le parlement anglais.

Les titres de noblesse suivants reçoivent l'article, et sont suivis de *of,* de, avec le nom de famille. *Duke,* duc; *duch'ess,* duchesse; *mar'quis,* marquis ; *mar'chioness,* marquise ; *earl,* comte; *coun'tess,* comtesse. Exemple : *The duke of Newcastle,* le duc de Newcastle.

Les autres titres de noblesse, les grades militaires et les charges judiciaires, ne reçoivent pas d'article, lorsqu'ils sont suivis du nom de famille. Exemple : *Lord' Wil'loughbȳ, Colonel Crau'furd* (prononcez *keur'melle Craufeurd*).

Les noms des saisons, pris en général, ne reçoivent pas d'article.]

90. Devant les voyelles autres que *w, ū, y,* et avant l'*h* non aspirée, on met *an* au lieu de *a.*

EXEMPLES :

an or'der, un ordre ;   *an ap'ple,* une pomme.

[Les noms, mis en apposition à la suite d'un autre, sont précédés de l'article indéfini. Exemple : *Cervan'tes, an ĕ'minent Spä'nish wri'ter,* Cervantes, écrivain espagnol distingué.

Excepté toutefois les titres ou les charges indiquant une position tellement élevée, qu'elle ne peut appartenir qu'à une seule personne. Exemple : *Hen'ry V, king of Eng'land,* Henri V, roi d'Angleterre; *Fran'cis Ba'con, lord high chan'cellor of Eng'land,* François Bacon, grand chancelier d'Angleterre.

On met encore l'article indéfini, lorsqu'on indique l'état ou la profession après le verbe *être,* dans le cas où il n'y a pas d'article en français. Exemple : *Alexan'der Pope was a poet,* Alexandre Pope était poëte.

On le met après *avoir*, quand on indique les qualités personnelles d'une personne ou d'une chose, dans le cas où l'on met l'article défini en français. EXEMPLE : *He has an aquiline nose,* il a le nez aquilin.

On s'en sert aussi lorsqu'on indique le taux d'un salaire ou d'une marchandise, dans le cas où l'on met *par* ou *le, la,* en français. EXEMPLE : *Six shillings a day,* six shellings par jour; *ten shillings a pound,* dix shellings la livre.]

Questionnaire.

86. [Que sont les articles?
Qu'est-ce que l'article défini?
Et l'article indéfini?
Quand emploie-t-on les articles partitifs?
Quel est l'article défini?
L'article indéfini?
Quels sont les articles partitifs?

87. Quels sont les articles que l'on emploie au singulier et au pluriel?

L'article indéfini a-t-il un pluriel?
Dans quel cas emploie-t-on *some?*
Quel est l'usage de *any?*

88. Quand faut-il omettre les articles?
Citez quelques exemples.

89. Quand les noms propres ont-ils l'article?

90. Dans quels cas emploie-t-on *an* au lieu de *a?*]

DES CAS.

91. On appelle *cas* une désinence que prend le nom ou bien une combinaison d'un nom avec une préposition, pour marquer le rapport de ce nom avec un autre.

Il y a en anglais sept cas, savoir : le *nominatif,* le *possessif,* le *génitif,* le *datif,* l'*accusatif,* le *vocatif* et l'*ablatif.*

Le *nominatif* est le nom même; *l'homme.*

Le *possessif* indique possession; *à l'homme;* cela appartient *à l'homme.*

Le *génitif,* possession ou dépendance; *de l'homme;* le fils *de l'homme.*

Le *datif,* mouvement *vers* une personne ou une chose; *à l'homme;* j'ai donné *à l'homme.*

L'*accusatif,* la personne ou chose qui reçoit une action. *L'homme;* je vois *l'homme.*

Le *vocatif* appelle ou invoque; *ô homme !*

L'ablatif indique un mouvement d'éloignement; *de l'homme*; je me suis éloigné *de l'homme*.

[L'adoption des cas paraîtra à beaucoup de personnes un retour inutile aux méthodes anciennes. Nous répondrons à cette objection au point de vue théorique et au point de vue pratique.

Au point de vue théorique, les cas sont une nécessité du langage; ils sont nés le jour où l'homme a parlé pour la première fois. Qu'est-ce en effet qu'un cas? C'est une modification apportée au nom par une préposition. Que dans certaines langues cette préposition ait été transformée en une terminaison, c'est un accident qui laisse le principe parfaitement intact. La preuve, c'est que pour traduire cette terminaison en français, par exemple, il faut une préposition. Si la terminaison seule faisait le cas, le mot latin *cornu* n'aurait donc pas de cas au singulier? En un mot, toute préposition combinée avec un nom forme un cas. Il y a dès-lors autant de cas qu'il y a de prépositions, ou, si l'on veut, certains cas peuvent se former à l'aide de plusieurs prépositions, ce qui permet de restreindre considérablement le nombre des cas.

Au point de vue pratique, je conçois que l'on puisse se passer de la théorie des cas dans la langue française, où les deux prépositions *de* et *à* en font à elles seules une demi-douzaine; mais on ne saurait trouver cela commode que pour des élèves français apprenant la théorie de leur propre langue qu'ils parlent déjà par habitude. Si l'on s'avisait d'enseigner le français dans une école étrangère à l'aide de l'idée des compléments directs et indirects seulement, les élèves n'y comprendraient rien.

Maintenant, pour l'enseignement de la langue anglaise, les cas sont absolument nécessaires. Les grammairiens anglais les plus hardis n'ont pas osé les effacer de la grammaire; tout ce qu'ils ont pu faire, c'est de les réduire à trois, savoir : au *nominatif*, au *possessif* et à l'*objectif* (accusatif). Or comme le possessif a une terminaison particulière, et qu'il apporte d'ailleurs un changement assez important dans la construction, on conviendra qu'il est nécessaire de parler de celui-là au moins; mais alors on sera forcé de définir ce que c'est qu'un cas. Dès-lors où est l'avantage de se passer des autres? Puisqu'on fait une définition, qu'on la fasse au moins générale, que l'on enseigne du moins l'usage de ces trois prépositions si importantes : *of, to, from,* qui sont la pierre d'achoppement des élèves français. A moins de donner une définition bien exacte de ces trois prépositions, comment l'élève apprendra-t-il à les appliquer dans des phrases telles que :

Je viens de la ville d'Athènes.
Ceci n'est pas de mon goût.

Dans ces phrases la préposition *de* est partout, et cependant il faut *of, to, from*, en anglais :

> *I come* FROM *the city* OF *Athens.*
> *This is not* TO *my taste.*

On peut, sans doute, enseigner toutes ces distinctions sans se servir du mot *cas*, à force de circonlocutions très-gênantes et peu intelligibles aux jeunes élèves. Y gagnera-t-on? je ne le crois pas.

L'avantage des cas en anglais consiste à obliger l'élève à décliner le nom avec ces prépositions si nécessaires, en y associant l'idée de dérivation, de rapprochement ou d'éloignement qui appartient à chacune. Alors il arrive facilement à traduire *de* et *à* d'après le sens qu'on doit leur donner.

Si l'on nous demande pourquoi nous n'avons pas poussé notre théorie jusqu'au bout, en mettant tous les cas possibles dans notre grammaire, nous avouerons que nous l'aurions fait si nous n'avions reconnu la nécessité de respecter autant que possible les habitudes des écoles.]

92. On fait le possessif :

1° Au singulier, en ajoutant au nom une apostrophe suivie d'un *s*.

2° Au pluriel, en mettant une apostrophe seulement après l's finale. EXEMPLE : *brö'thers'*, (appartenant) aux frères.

Mais si le pluriel est irrégulier et ne se termine pas en *s*, on fait le possessif comme au singulier. EXEMPLE : *men's*, (appartenant) aux hommes.

On ne se sert du possessif que pour les êtres vivants; on peut toujours le remplacer par le génitif. EXEMPLE : *The fath'er's injunc'tion*, l'ordre du père. On l'emploie néanmoins aussi pour le temps et pour les distances. EXEMPLES : *A mile's dis'tance*, la distance d'une mille; *a week's time*, le temps d'une semaine

[Quelques écrivains négligent cette règle. On trouve, par exemple, dans Colman (*Heir at Law*) *öur höuse's for'tune*, les biens de notre maison. Voyez en outre le § 306 *.]

93. On fait le génitif en faisant précéder l'article par la préposition *of* (prononcez *ov*), de. EXEMPLE : *The swëat of his bröw;* la sueur de son front.

Le datif, à l'aide de la préposition *to*, (pr. *tou*), à.

L'accusatif est toujours le même que le nominatif dans les noms.

Le vocatif ne reçoit pas d'article ; il est souvent précédé de l'interjection *ō*.

L'ablatif se fait avec la préposition *from*, de.

3-1. Quand on récite de suite les sept cas d'un nom, cela s'appelle *décliner*.

Voici un exemple d'une déclinaison :

SINGULIER.

Nom.	*the faīh'er,*	le père.
Poss.	*the fa'īher's,*	(appartenant) au père.
Gén.	*of the faīher,*	du père.
Dat.	*to the faīher,*	au père.
Acc.	*the faīher,*	le père.
Voc.	*O faīher,*	ô père !
Abl.	*from the faīher,*	(partant) du père.

PLURIEL.

Nom.	*the faīhers,*	les pères.
Poss.	*the fathers',*	(appartenant) aux pères.
Gén.	*of the fathers,*	des pères.
Dat.	*to the fathers,*	aux pères.
Acc.	*the fathers,*	les pères.
Voc.	*O fathers.*	ô pères.
Abl.	*from the fathers,*	(partant) des pères.

95. On décline de même avec les autres articles, en les mettant à la place de *the*.

On appelle l'accusatif *complément direct*, et les autres cas, excepté le nominatif et le vocatif, *compléments indirects*.

En employant le possessif, on met toujours la personne ou la chose qui possède avant la personne ou la chose possédée. EXEMPLE : *My father's friend*, l'ami de mon père.

96. En se servant du génitif, on dit au contraire : *The friend of my father.*

Quand deux ou plusieurs noms désignent une seule personne, on ne met que le dernier au cas possessif.

EXEMPLE :

The em'pĕror Ne'ro's crū'ĕllies,

Les cruautés de l'empereur Néron ;

on ne dit pas : *the em'pĕror's Nero's,* etc

Il en est de même lorsque le nom est suivi d'un complément qui en détermine la signification. On dit : *The Queen of Eng'land's troops*, et non pas : *The Queen's of Eng'land's troops*.

[Quelquefois la personne ou la chose possédée est omise après le possessif. EXEMPLE : *At Lloyd's* (sous-entendu : *coffee-house*), chez Lloyd, au café de Lloyd.

Souvent il n'y a pas omission, mais inversion. EXEMPLE : *A friend of his father's*, au lieu de : *One of his father's friends*, un des amis de son père.]

Questionnaire.

91. [Qu'est-ce qu'un cas?
  Combien de cas y a-t-il en anglais?— Dites-les.
  Qu'est-ce que le nominatif?— Le possessif? — Le génitif? —Le datif?—L'accusatif?— Le vocatif?— L'ablatif?—

92. Comment fait-on le possessif au singulier?
  Au pluriel, lorsqu'il se termine en *s*?
  Et lorsqu'il se termine en une autre consonne?
  Quand se sert-on du possessif?

93. Comment fait-on le génitif?— Le datif?—L'accusatif?—Le vocatif?—L'ablatif?

94. Déclinez le mot *stone*, pierre, avec l'article *the*.

95. Et avec l'article *a*.
  Déclinez *silk*, soie, avec l'article *some*.
  Et avec *any*.
  Comment appelle t-on l'accusatif?
  Et le génitif, le datif, et l'ablatif?
  Quelle place faut-il donner à la personne ou à la chose possédée, en employant le possessif?

96. Et lorsqu'on emploie le génitif?
  Quel est le nom qui reçoit le possessif, lorsque plusieurs noms désignent une seule et même personne.]

DE L'ADJECTIF.

97. L'adjectif est un mot que l'on ajoute au nom pour exprimer la qualité d'une personne ou d'une chose, comme *bon père, bonne mère*, etc.

98. L'adjectif est invariable quant au genre, au nombre et au cas.

Il précède le nom auquel il appartient, et il est précédé par l'article. (§ 88.)

EXEMPLE :

Le grand homme,   *The great man*

99. Mais l'adjectif *such*, tel, se place avant l'article *a*. *Un tel homme* se dit :

Such a man,   tel un homme.

100. Lorsqu'il y a *as*, aussi ; *so*, si ; *too*, trop ; on met l'article indéfini *a* après l'adjectif.

EXEMPLES :

As great a man as he,	Un aussi grand homme que lui.
So great a fact,	Un si grand fait.
Too rich a coun'try,	Une contrée trop riche.

101. On distingue trois sortes d'adjectifs : les adjectifs *qualificatifs*, les adjectifs *déterminatifs* et les adjectifs *indéfinis*.

Les adjectifs *qualificatifs* expriment simplement la qualité, comme : le BEAU *livre*.

Les adjectifs *déterminatifs* déterminent le nom, c'est-à-dire lui donnent une signification fixe, précise. EXEMPLES : MON *livre*, CETTE *maison*.

Les adjectifs *indéfinis* sont ceux qui ajoutent au nom une idée générale, vague, indéterminée : par exemple, lorsqu'on dit : PLUSIEURS *accidents* **sont arrivés :** CERTAINES *choses me plaisent*, on désigne les accidents, les choses d'une manière vague, sans les faire connaître.

102. ADJECTIFS QUALIFICATIFS. Ces adjectifs se distinguent des autres en ce qu'ils peuvent avoir trois degrés de signification, savoir : le *positif*, le *comparatif* et le *superlatif*.

Le *positif* n'est autre chose que l'adjectif même, comme *beau, belle, agréable*.

Le *comparatif* exprime la comparaison. Quand on compare deux choses on trouve qu'elles sont égales, ou bien que l'une est supérieure ou inférieure à l'autre. De là trois sortes de comparatifs : d'égalité, de supériorité et d'infériorité.

Pour marquer un comparatif d'*égalité*, on met en français *aussi* devant l'adjectif, comme *la rose est* AUSSI BELLE *que la tulipe*.

Pour marquer un comparatif de *supériorité*, on met

plus devant l'adjectif, comme *la rose est* PLUS BELLE *que la violette.*

Pour marquer un comparatif d'*infériorité*, on met *moins* devant l'adjectif, comme *la violette est* MOINS BELLE *que la rose.*

Le *superlatif* exprime la qualité dans un très haut degré ou dans le plus haut degré possible, comme quand on dit *la rose est une* TRÈS-BELLE *fleur; la rose est la* PLUS BELLE *de toutes les fleurs* (c'est-à-dire *belle au plus haut point, le plus qu'il est possible.*)

103. Pour faire le comparatif d'*égalité* en anglais, on se sert de *as* avant et après l'adjectif.

The rose is as *fine* as *the tu'lip,*
la rose est *aussi* belle *que* la tulipe.

104. On marque le comparatif de supériorité :

1° Pour les adjectifs d'une syllabe, en ajoutant le suffixe *er* à ceux qui se terminent en une consonne, et *r* seulement à ceux qui se terminent en *e* [1].

2° Pour les adjectifs de plusieurs syllabes, en les faisant précéder par *more*, plus.

Dans chacun de ces cas, l'adjectif est suivi de *than*, que.

The rose is finer than the vi'olet,
la rose est *plus* belle que la violette.

The rose is more *beau'tiful than the vi'olet,*
la rose est plus belle que la violette.

105. Quand l'adjectif monosyllabe se termine en une consonne précédée d'une voyelle, on double la consonne finale en ajoutant *er*.

EXEMPLES DE COMPARATIFS :

Positif.		Comparatif.
sad,	chagrin.	(*sad'der*).
hate'ful,	odieux.	(*more hate'ful*).
gay,	joyeux.	(*gay'er*).
red,	rouge.	(*redder*).
unwhole'some,	malsain.	(*more unwhole'some*).
product'ive,	productif.	(*more produc'tive*).

---

[1] Lorsqu'un adjectif de deux syllabes se termine en *y*, il peut aussi recevoir *er;* dans ce cas, l'*y* se change en *i*. EXEMPLE : *happy,* heureux; *happier,* plus heureux.

106. On marque le comparatif d'infériorité en mettant *less,* moins, avant l'adjectif, et le faisant suivre par *than,* que.

> *the vi'olet is* less *beau'tiful than the rose,*
> La violette est *moins* belle que la rose.

On le fait aussi en se servant de *not so—as,* pas si—que.

> *· the vi'olet is* not so *beau'tiful* as *the rose,*
> La violette n'est *pas si* belle *que* la rose.

107. Pour le superlatif qui ne marque qu'un très-haut degré, on met *vĕ"ry,* très, avant l'adjectif.

> *the rose is a* vĕry *fine flōw'er,*
> la rose est une très-belle fleur.

108. Lorsqu'il marque le plus haut degré, alors :
1° Les adjectifs d'une syllabe, prennent le suffixe *est* lorsqu'ils se terminent en une consonne, et le suffixe *st* lorsqu'ils se terminent en *e.* On double toujours la consonne finale si elle est précédée d'une seule voyelle [1]. Ce superlatif est toujours précédé de *the.*

2° Les adjectifs de plus d'une syllabe sont précédés de *the most.*

On fait toujours suivre *of,* de ; ou *in,* lorsqu'il s'agit d'un endroit.

> *The rose is the finest of all flōwers,*
> La rose est la plus belle de toutes les fleurs.
> *the rose is the most beau'tiful flōw'er of all.*
> La rose est la *plus* belle de toutes les fleurs.
> *The greāt'est man in Lon'don,*
> Le plus grand homme de Londres.

EXEMPLES DE SUPERLATIFS :

Positif.		Superlatif.
green,	vert.	(*the green'est*).
pure,	pur.	(*the pūr'est*).
faith'ful,	fidèle.	(*the most faith'ful*).
incom'parable,	incomparable.	(*the most incom'parable*).

---

[1] On ajoute aussi *est* aux adjectifs de deux syllabes qui se terminent en *y,* en changeant cette lettre en *i.* EXEMPLE : *happy,* heureux ; *the happiest,* le plus heureux. Voyez la note au § 104.

[Pour l'idée d'infériorité, le superlatif de comparaison se forme avec *least*, le moins, précédé de *the*. EXEMPLE : *The least distinguished*, le moins distingué ; *the least vain*, le moins vain.]

109. Il y a des adjectifs dont le comparatif et le superlatif sont irréguliers. Ce sont les suivants :

Positif.	Comparatif.	Superlatif.	Positif français.
gŏŏd,	*bet'ter,*	*best,*	bon.
bad,	*wŏrse,*	*wŏrst,*	mauvais.
lit'tle,	*less,*	*lēast,*	petit.
much,	*more,*	*most,*	beaucoup.
many	*more,*	*most,*	plusieurs.
far.	*far'ther.*	*far'thest,*	éloigné.

[Il y a des adjectifs qualificatifs qui ne sont pas susceptibles de degrés de comparaison.

Tels sont :

1º Ceux qui expriment certaines qualités mathématiques, comme *circular*, circulaire ; *sphérical*, sphérique.

2º Ceux qui indiquent qu'un objet est fait d'une matière donnée, ce sont des substantifs employés comme adjectifs, dans les cas où l'on emploie en français la préposition *de* :

A gōld chain, une chaîne d'*or* ;

A sil'ver cup, une coupe d'*argent* ;

Quelquefois les noms prennent le suffixe *en* ; ainsi *wŏŏd*, bois, fait *wŏŏd'en*, de bois.

A wŏŏd'en staircase, un escalier de *bois*.

Il y en a qui n'ont pas de *positif*, comme *neth'er*, inférieur.

D'autres n'ont ni positif ni comparatif ; ce sont ceux qui expriment le plus haut degré. La plupart de ceux-ci se composent avec *most*, comme suffixe :

EXEMPLES :

Top'most, le plus haut.
Dŏwn'most, le plus bas.
Supreme', suprême.]

Questionnaire.

L'adjectif déterminatif?

L'adjectif indéfini?

102. En quoi l'adjectif qualificatif diffère-t-il des autres?

Qu'est-ce que le positif?—Le comparatif?— Le superlatif?

103. Comment fait-on le comparatif d'égalité en anglais?

104. Le comparatif de supériorité?

105. Que faut-il faire lorsqu'on ajoute *er* à un adjectif qui se termine en une consonne

précédée d'une voyelle?

106. Comment fait-on le comparatif d'infériorité?

107. Comment fait-on le superlatif qui ne marque qu'un très-haut degré?

108. Et celui qui marque le plus haut degré?

De quelles prépositions est-il suivi?

109. Citez des adjectifs dont le comparatif et le superlatif sont irréguliers.]

110. ADJECTIFS DÉTERMINATIFS. Il y en a de trois sortes : les adjectifs *numéraux*, les adjectifs *démonstratifs* et les adjectifs *possessifs*.

111. *Adjectifs numéraux.* On en distingue trois espèces :

1° Les *cardinaux*, qui expriment le nombre;

2° Les *ordinaux*, qui expriment le rang ;

3° Les *multiples*, indiquant le nombre de fois qu'une chose est répétée;

112. *Numéraux cardinaux :*

one,	un.	*ĕlĕv'en*,	onze.		
twó,	deux.	*twelve*,	douze.	*twen'ty*,	vingt.
three,	trois.	*thir'teen*,	treize.	*thir'ty*,	trente.
fóur,	quatre.	*fóur'teen*,	quatorze.	*for'ty*,	quarante.
fīve,	cinq.	*fif'teen*,	quinze.	*fif'ty*,	cinquante.
six,	six.	*six'teen*,	seize.	*six'ty*,	soixante.
sĕv'en,	sept.	*sĕv'enteen*,	dix-sept.	*sĕv'enty*,	soixante-dix.
eight,	huit.	*eight'een*,	dix-huit.	*eigh'ty*,	quatre-vingt.
nine,	neuf.	*nine'teen*,	dix-neuf.	*nine'ty*,	quatre-vingt-dix.
ten,	dix.			*a hun'dred*,	cent.

113. On compose les dizaines avec les unités de la manière suivante :

one and twen'ty,	un et vingt.
five and thirty,	cinq et trente.

Ou bien :

twen'ty-one, (§. 44.)	vingt et un.
thir'ty-five,	trente-cinq.
sĕv'enty-eight,	soixante-dix-huit, etc.

Cette dernière manière est la plus usitée.

114. On compte les centaines en les faisant précéder par leurs unités respectives, comme en français :

one hun'dred,	un cent.
two hun'dred,	deux cents.
three hun'dred,	trois cents.
five hun'dred,	quatre cents.
sëv'en hun'dred,	sept cents, etc.

Les nombres compris entre *cent* et *deux cents* peuvent prendre *a* au lieu de *one*. Lorsqu'on indique une année chronologique, on se sert toujours de *one*.

Il en est de même de

one thōū'sand,	mille.
one mil'lion,	un million, etc.

qui peuvent aussi recevoir *a* au lieu de *one*.

[Il est bien entendu que *a* ne peut se mettre qu'au commencement du nombre. On ne peut pas dire par exemple : *Twö thōū'sand a hun'dred* (2100), mais il faut dire : *Twö thōū'sand one hundred.* On peut dire, au contraire : *A thōū'sand twö hundred* (1200).|

115. On compte les milliers et les millions de la même façon que les centaines, savoir :

three thōū'sand,	trois mille.
fif'ty thōū'sand,	cinquante mille.
three hun'dred millions,	trois cents millions.

116. Lorsqu'on combine les centaines avec les dizaines et les unités pour former les nombres intermédiaires, on met la conjonction *and* entre les centaines et les dizaines.

EXEMPLES :

Five hun'dred and eight'y-six,	cinq cent quatre-vingt-six.
Eight hun'dred and nine'ty-two,	huit cent quatre-vingt-douze.

Mais il n'y a pas de conjonction entre les milliers et les centaines, les millions et les milliers, etc.

EXEMPLES :

Nine thōū'sand föur hun'dred and for'ty,
Neuf mille trois cent cinquante.
Six'teen mil'lions one hun'dred and six'ty-six thōū'sand eight hun'dred and thir'ty-nine.
Seize millions cent soixante-six mille huit cent trente-neuf.

148200 : *One hun'dred and for'ty-eight thōū'sand twó hun'dred.*
72048 : *Sèv'enty-twó thōū'sand and forty-eight.*
2390526 : *Twó millions three hun'dred and nine'ty thōū'sand five hun'dred and twen'ty-six.*

[Comme nombres abstraits, c'est-à-dire sans indication de l'espèce de chose que l'on compte, les numéraux cardinaux sont des sub-stantifs.

Ils le sont aussi dans les phrases *deux à deux*, *dix à dix*, etc. On les met alors au pluriel, en les faisant précéder de *by*, par. EXEMPLE : *By twos, by tens*, etc.]

117. Les *numéraux ordinaux* se forment en ajoutant le suffixe *th* (§ 58) aux nombres cardinaux, et en mettant l'article *the*.

Excepté les trois premiers, qui sont :

the first,	le premier.
the sè'cond,	le second.
the third,	le troisième.

Le *cinquième*, le *huitième*, le *neuvième* et le *douzième* reçoivent bien le *th*, mais avec une légère modification dans l'orthographe du mot. On dit :

the fifth,	le cinquième.
the eighth,	le huitième.
the ninth,	le neuvième.
the twelfth,	le douzième.

Quant aux dizaines, le *y* final se change en *ie*, en recevant le *th* :

the twen'tieth,	le vingtième.
the fif'tieth,	le cinquantième.

Dans les nombres composés, il n'y a que le dernier chiffre à droite qui reçoive la forme ordinale :

the thir'ty-first,	le trente et unième.
the eigh'ty-sè'cond,	le quatre-vingt-deuxième.
the nine'ty-third,	le quatre-vingt-treizième.
the hun'dred and sèv'enty-fourth,	le cent soixante-quatorzième.
the six thōūsand twó hun'dred and twen'ty-ninth,	le six mille deux cent vingt-neuvième.

AUTRES EXEMPLES :

Le 1857ᵉ : *the thōu'sand eight hun'dred and fif'ty-sèv'enth.*
Le 10401ᵉ : *the ten thōu'sand four hun'dred and first.*
Le 143219ᵉ : *the hun'dred and for'ty-three thōu'sand two hun'-
dred and nineteenth'.*

[Le nombre ordinal *first,* et le mot *last,* dernier, peuvent précéder un nombre cardinal. Exemple : *The first nineteen chapters,*
les dix premiers chapitres ; *the last three men,* les trois hommes
derniers.
Les nombres cardinaux monosyllabes peuvent se placer avant
first et *last.* Exemple : *The six last books,* les six derniers livres.]

118. Lorsqu'au lieu de *the* on met *a* ou un numéral
cardinal au *troisième* et aux suivants sans les faire suivre
d'un nom, ces ordinaux deviennent des substantifs, et
indiquent des fractions d'unité qui peuvent recevoir le
pluriel.

EXEMPLES :

a	ou	*one third,*	un tiers.
»		» *fōurth,*	un quart.
»		» *tenth,*	un dixième.
»		» *fif'ty-eighth,*	un cinquante-huitième.
twō thirds,			deux tiers.
three fōurths,			trois quarts.
twen'ty twō for'ty-sèv'enths,			vingt-deux quarante-septièmes.

On dit *one half* pour un demi ; et au lieu de *fourth,*
quart, on peut dire *quart'er.*

[*Half* est précédé de l'article défini lorsqu'il indique la moitié
d'un poids ou d'une mesure connue. Exemple : *The half pōund,*
la demi-livre.
Mais lorsqu'il s'agit de toute autre chose, *the* se place après.
Exemple : *Half the world,* la moitié du monde.
L'article indéfini se place toujours après *half.* Exemple : *Half
a fōŏt,* un demi-pied.
Lorsqu'il s'agit de fractions décimales, on appelle les entiers
in'tegers, et l'on met la conjonction *and* entre les entiers et la
fraction. 103. 6219, *one hun'dred and three in'tegers, and six
thōu'sand two hun'dred and nine'teen ten thōu'sandths.*]

119. Les *numéraux multiples* sont peu nombreux. On
ne se sert guère que des suivants :

Adjectifs.		Adverbes.	
sin'gle,	simple.	*once* (ouonsse), une fois.	
dou'ble,	double.	*twice*, deux fois.	
tre'ble,	triple.	*thrice*, trois fois.	
quăd'ruple,	quadruple.	*four times*, quatre fois, etc.	

120. On forme aussi des numéraux multiples à l'aide du mot saxon *fold*, qui donne un sens de répétition :

two'fōld,	double.
three'fōld,	triple.
hundred'fōld,	centuple.

[On se sert des préfixes *bi*, *tri*, *quadri*, *quinqui* et *deca* ou *deci*, pour indiquer une multiplicité d'années, de côtés, d'angles, etc. Exemple :

Bien'nial,	triennal.
Decen'nial,	décennal.
Trian'gular,	triangulaire.]

Questionnaire.

110. [Combien y a-t-il d'espèces d'adjectifs déterminatifs?

112. Récitez les numéraux cardinaux de 1 à 10.—De 11 à 19.

Récitez les dizaines jusqu'à cent.

113.-115. Dites en Anglais les nombres 75. — 358. — 2,541. — 58,426. — 2,910,39. — 2,193,104.

Quand peut-on mettre *a* au lieu de *one?*

116. Où faut-il mettre la conjonction *and?*

117. Comment fait-on les nombres ordinaux ?

Récitez les nombres ordinaux jusqu'au dixième.

Comment fait-on les dizaines des ordinaux ?

Où faut-il mettre le suffixe ordinal dans les nombres composés ?

Dites en anglais les nombres ordinaux suivants : Le 83e. — Le 258e.— Le 1913e.— Le 25,181e.—Le 673,105e. —Le 4,108,943e.

118. Comment fait-on les nombres fractionnaires ?

Faites les fractions suivantes : $\frac{1}{2}$; — $\frac{3}{4}$; — $\frac{10}{17}$; — $\frac{48}{239}$.

119. Récitez quelques numéraux multiples.]

121. *Adjectifs démonstratifs.* Il y en a un qui indique la proximité, et un autre qui indique l'éloignement. Ce sont,

Pour un objet rapproché :

Sing. *this*, ce, cette ; ce — ci, cette — ci.
Plur. *these*, ces ; ces — ci.

Pour un objet éloigné :

Sing. *ihat*, ce, cette; ce — là, cette — là.
Plur. *ihose*, ces; ces — là.

EXEMPLES :

ihis man;	cet homme ;	cet homme-ci.
ihese wo'men;	ces femmes ;	ces femmes-ci.
ihat horse ;	ce cheval ;	ce cheval-là.
ihose sheep;	ces brebis ;	ces brebis-là.

122. *Adjectifs possessifs.* Ces adjectifs expriment la possession d'un objet. Ils se rapportent toujours au possesseur en ce qui regarde le genre, le nombre et le cas.

123. Il y a trois *personnes* ou *rôles* : la première personne est celle qui parle : JE *lis;* la deuxième personne est celle à qui l'on parle : TU *lis;* la troisième personne est celle de qui l'on parle : PAUL *lit bien, mais* IL *écrit mal.*

En anglais, la première et la deuxième personne sont du genre commun (§ 83); la troisième l'est aussi au pluriel, mais elle a les trois genres au singulier.

124. ADJECTIFS POSSESSIFS.

SINGULIER.

1re PERSONNE. Genre commun.	2e PERSONNE. Genre commun.	3e PERSONNE. Masc. Fém. Neut.
mȳ ou *mÿ* mon, ma, mes.	*ihÿ* ton, ta, tes.	*his,* *her,* *its,* son, sa, ses.

PLURIEL.

Genre commun.

ōūr, notre, nos,	*yóur* votre, vos.	*ihëïr,* leur, leurs.

On prononce *mȳ* seulement lorsqu'on lui donne l'emphase.

EXEMPLES :

my table,	ma table.
my glŏv'es,	mes gants.
thy brŏth'er,	ton frère.
thy hŏūses,	tes maisons.
his hand,	sa main (à lui).
his friĕnds,	ses amis (à lui).

her glass,	son verre (à elle).
her pa'pers,	ses papiers (à elle).
its hard'ness.	sa dureté (de cette chose).
its prö'perties,	ses propriétés (de cette chose)
ōūr will.	notre volonté.
ōūr affairs',	nos affaires.
yöur word,	votre parole.
yöur deci'sions,	vos décisions.
thëir wálk,	leur promenade.
thëir trăv'els,	leurs voyages.

125. ADJECTIFS INDÉFINIS. Il y en a qui s'emploient au singulier, d'autres qui exigent le pluriel.

POUR LE SINGULIER.

ĕv'ĕry } *ēach* }	chaque.
which.	quel.
whichĕv'er,	quelque — que ce soit.
anoth'er,	un autre.
ma'ny a,	maint, plus d'un.

POUR LE PLURIEL.

sĕv'ĕral,	plusieurs.
áll,	tous.
ma'ny,	beaucoup.
more,	plus de
mōst,	la plupart.
bōth,	les deux.
ŏth'er,	autres.
such,	tels.

POUR LE SINGULIER ET POUR LE PLURIEL.

no,	aucun, aucuns.
whát,	quel, quels.
whátĕv'er,	quelconque.

126.   EXEMPLES :

Ev'ĕry man is bōūnd to obey' the laws of God.
Tout homme est tenu d'obéir aux lois de Dieu.
Mōst ăn'imals äre inten'ded for the use of man.
La plupart des animaux sont destinés pour l'usage de l'homme.
No man shōūld spend his time in ī'dleness.
Aucun homme ne doit passer son temps dans la paresse.
Whát men are those ?
Quels sont ces hommes?

[*Each* doit s'employer à la rigueur lorsqu'il ne s'agit que de *deux* personnes ou choses ; *ĕ'vĕry* s'emploie toujours lorsqu'il est question de *plusieurs*. Mais cette distinction n'est pas rigoureusement observée ; car *each* s'emploie aussi au lieu de *ĕ'vĕry*.

All s'emploie au singulier dans les phrases : *All the world*, le monde entier ; *all the crĕa'tion*, toute la création. Ce mot n'est jamais précédé de l'article.

Both n'a pas de mot exactement correspondant en français. *Both men* veut dire : *Ces deux hommes*, lorsqu'on leur attribue une même action ou état.

Other peut s'employer au singulier, lorsqu'il est précédé de l'article *the*.

Such, suivi de l'article *a*, a aussi le sens du singulier.

On ne rencontre pas souvent *which* et *whichĕ'ver* employés au pluriel ; il y en a cependant des exemples. Nous avons cru devoir les indiquer pour le singulier seulement, pour ne pas embarrasser les élèves.

What est toujours suivi au singulier de l'article indéfini. Exemple : *I knew what a brave man he wăs*, je savais quel brave homme il était.]

Questionnaire.

121. [Quels sont les adjectifs démonstratifs ?

122. Qu'est-ce que les adjectifs possessifs ?

A quoi se rapportent-ils toujours ?

123. Combien de personnes y a-t-il ?

124. Récitez les adjectifs possessifs.

Quand faut-il prononcer *mi* au lieu de *my* ?

125. Récitez les adjectifs indéfinis qui s'emploient au singulier seulement.

Ceux qu'on n'emploie qu'au pluriel.

Et ceux que l'on peut employer au singulier et au pluriel.]

DU PRONOM.

127. Le *pronom* est un mot qui tient la place du nom, et qui indique le rôle ou *personne* que ce nom joue dans le discours.

Il y a en anglais sept sortes de pronoms : les pronoms *personnels*, les pronoms *possessifs*, les pronoms *réfléchis*, les pronoms *démonstratifs*, les pronoms *relatifs*, les pronoms *interrogatifs* et les pronoms *indéfinis*.

128. Pronoms personnels. Les pronoms personnels

sont ceux qui n'ont d'autre fonction que d'indiquer les trois personnes. Ce sont :

1re PERSONNE.	2e PERSONNE.	3e PERSONNE.		
Genre commun.	Genre commun.	Masc.	Fém.	Neutre.

SINGULIER.

NOM.	*I*, je.	*thōū*, tu.	*hë,* il.	*shē,* elle.	*it.*
COMPL.	*më*, me.	*thee,* te.	*him,* le.	*her,* la.	*it.*

PLURIEL.

NOM.	*wē,* nous.	*yóu,* vous.	*thëy,* ils, elles.	
COMPL.	*us,* nous.	*yóu,* vous.	*them,* les.	

129. On écrit toujours le nominatif singulier de la première personne avec une lettre majuscule.

130. On ne se sert guère de la deuxième personne du singulier pour adresser la parole à quelqu'un, excepté dans le style poétique ou biblique. On se sert pour cela, comme en français, de la deuxième personne du pluriel, qui prend alors par conséquent le sens du singulier.

131. PRONOMS POSSESSIFS. Les pronoms *possessifs* expriment la possession : ils tiennent la place d'un nom et d'un adjectif possessif, comme quand je dis : *Voilà votre canif et voici* LE MIEN, c'est-à-dire *voici mon canif.*

Ces pronoms n'ont pas de cas possessif, mais leurs nominatifs sont les cas possessifs des pronoms personnels.

Ils ne sont jamais suivis d'un nom, tandis que les adjectifs possessifs le sont toujours.

TABLEAU DES PRONOMS POSSESSIFS.

1re PESONNE.	2e PERSONNE.	3e PERSONNE.	
Genre commun.		Masculin.	Féminin.

SINGULIER.

mine, le mien : *thine,* le tien ; *his,* le sien (à lui) ; *hers* (à elle) ;

PLURIEL.

ours, le nôtre ; *yours,* le vôtre ; *thëirs,* le leur.

132. Il n'y a pas de pronom possessif pour le neutre ;

its n'est qu'un adjectif possessif (§ 122), mais pas un pronom [1].

Comme les adjectifs, ces pronoms se rapportent toujours à la personne qui possède, et jamais, comme en français, à la chose possédée.

EXEMPLE DE DÉCLINAISON

D'un Pronom personnel avec le cas possessif emprunté aux pronoms possessifs.

(3e Personne.) SINGULIER.

	Masc.	Fém.	Neut.
Nom.	*hē*	*shē*	*it*
Poss.	*his*	*hers*	—
Gén.	*of him.*	*of her.*	*of it.*
Dat.	*to him.*	*to her.*	*to it.*
Acc.	*him*	*her*	*it*
Abl.	*from him.*	*from her.*	*from it.*

PLURIEL (Commun).

Nom.	*thĕy.*
Poss.	*thĕirs.*
Gén.	*of them.*
Dat.	*to them.*
Acc.	*them.*
Abl.	*from them.*

Les autres pronoms se déclinent de même.

133. PRONOMS RÉFLÉCHIS. Ce sont les pronoms français *moi-même, me, toi-même, te,* etc.

En voici le tableau :

SINGULIER.

1re PERSONNE.	2e PERSONNE.	3e PERSONNE.		
Genre commun.		Masc.	Fém.	Neut.
mȳself' ou *mȳself'.*	*thȳself'*	*himself'.*	*herself'.*	*itself'.*

---

[1] **A une demande comme celle-ci :** *Shall I take my book or the child's?* (faut-il que je prenne mon livre ou celui de l'enfant?) on ne répondrait pas : *Take* ITS (prenez le sien), mais : *Take the child's* (prenez celui de l'enfant).

PLURIEL.
Genre commun.

ōŭrsel'ves.   *yŏursel'ves.*   *ĭhemsel'ves.*

Ces pronoms peuvent être précédés d'un pronom personnel. On peut dire : *I mȳself'*, moi-même ; *he himself'*,
toi-même, etc.

PRONOM RÉFLÉCHI INDÉFINI.

one's self,   soi-même, se.
(§ 44).

134. Comme en parlant aux personnes on ne se sert
que du pluriel de la deuxième personne (§ 128), on dit
yourself' au lieu de *yoursel'ves* lorsqu'on s'adresse à une
seule personne.

135. Pronoms démonstratifs. Les *pronoms démonstratifs* sont ceux au moyen desquels on désigne, en les
montrant, les personnes ou les choses dont on veut parler,
comme quand on dit : *Prenez votre livre*, celui-ci *est à
moi ; celui-ci,* c'est-à-dire le livre que je montre.

This et *that*, avec leurs pluriels *these* et *those*, dont
nous avons déjà parlé comme adjectifs, sont aussi des pronoms démonstratifs, c'est-à-dire qu'on peut les employer
seuls, sans nom (§ 19) [1].

EXEMPLES :

Give mē this,	donnez-moi ceci.
That has been dŏne,	cela a été fait.
Is that the man?	est-ce là l'homme?
No ; that,	non ; c'est celui-là.

[*These* et *those* peuvent toujours exprimer : *ceux-ci, celles-ci,
ceux-là, celles-là.* Mais les singuliers *this* et *that* n'expriment
celui-ci, celle-ci, celui-là, celle-là, que lorsque le verbe *être* est
le verbe principal de la phrase, comme dans les deux derniers
exemples ; car il est sous-entendu dans le dernier. Avec tout
autre verbe, ils n'ont ordinairement que le sens du neutre.

---

[1] *He, she, they* s'emploient aussi comme pronoms démonstratifs.

EXEMPLES :

He shall dŏ it (avec emphase sur *he*), celui-là doit le faire.
She } *said it* (avec emphase sur } *she*), } celle-là l'a } dit.
They }   } *they*), } ceux-là l'ont }

EXEMPLES :

This can'not succeed',   ceci ne peut pas réussir.
That will do,   cela ira bien [1].]

136. PRONOMS RELATIFS. Les *pronoms relatifs* ou conjonctifs servent à joindre la phrase qui les suit au nom ou au pronom auquel ils se rapportent et dont ils tiennent la place. Exemple : *Dieu*, QUI *sait tout, connaît vos plus secrètes pensées.*

En anglais, on dit w*hó*, qui, pour le masculin et le féminin ; il fait w*hóse* au possessif, et w*hóm* dans les autres cas.

EXEMPLES :

The man whó said so,   L'homme *qui* a dit ainsi.
The girl, whóm she cálled,   La fille *qu'*elle appela.
The per'son whóse hōūse I   La personne *dont* j'achetai la
bought. (§. 53.)   maison.
He whóse con'duct is bad,   Celui *dont* la conduite est mauvaise.

137. Pour le neutre on emploie *which*, qui peut aussi recevoir le cas possessif w*hóse*, quoiqu'on aime mieux dire *of which*. Il est invariable dans les autres cas.

EXEMPLES :

The horse which I ride,   Le cheval que je monte.
the hōūse the top of which appēars, (La maison dont le sommet
            Ou bien   paraît.
the hōūse whóse top appēars,   (

138. On emploie aussi *that* comme relatif. C'est un mot très-commode puisqu'il est applicable à tous les genres, nombres et cas.

The of'ficer that sent me,   L'officier *qui* m'envoya.
the ladȳ that wás pas'sing,   La dame *qui* passait.
the box'es that I took,   Les boîtes *que* j'ai prises.

139. Il y a aussi le relatif indéfini w*hát*, ce que *ou* ce qui. Il est invariable.

[1 Les passages où cette règle est méconnue sont bien rares. En voici un :
" *The parson brought up the rear. This had, indeed, offered to tarry.*"
« Le curé vint après. *Celui-ci* s'était, à la vérité offert de rester. »
Ici *this* est mis pour *the parson.*   (*Fielding Tom Jones.*)]

EXEMPLES :

What you say is true,	Ce que vous dites est vrai.
Do not relate' what you see,	Ne racontez pas *ce que* vous voyez.

140. PRONOMS INTERROGATIFS. Ce sont les mêmes que les pronoms relatifs *who, whose, which, what.*

EXEMPLES :

Who is it ?	*Qui* est-ce ?
Whose is it?	*A qui* est cela?
Which of the two ?	*Lequel* ou *laquelle* des deux ?
What have you said?	*Qu'*avez-vous dit?

141. PRONOMS INDÉFINIS. Voici une liste des pronoms indéfinis les plus usités :

one (§. 44),	on
some'body,	} quelqu'un.
some one,	
no'body,	} personne.
no one,	
none,	aucun.
some,	en, quelques-uns.
a'ny,	en, aucuns (négatif).
no'thing,	rien.
all,	tout.
such,	tel, tels.
ma'ny,	beaucoup, plusieurs.
whoev'er,	quiconque.
whichev'er,	} tout ce que.
whatev'er,	
each,	chacun des deux.
ev'ery one,	chacun.
anoth'er,	un autre.
the oth'er,	l'autre.
others,	d'autres.
both,	tous les deux.
sev'eral,	plusieurs.

Plusieurs de ces mots sont aussi des adjectifs. (§ 123.)
142. Le tableau suivant, qui contient tous les pronoms, servira de récapitulation.

PRONOMS	NOMB.	CAS.	1re PERSONNE. GENRE COMMUN.	2me PERSONNE. GENRE COMMUN.	3me PERSONNE. MASCULIN.	FÉMININ.	NEUT.
PERSONNELS ET POSSESSIFS.	SING.	*Nom.* *Poss.* *Compl.*	I, je, *mine*, à moi, le mien *me*, moi, me.	*thou*, tu, *thine*, à toi, le tien. *thee*, toi, te.	*he*. il, *his*, à lui, le sien *him*, lui, le,	*she*, elle, *hers*, à elle, le sien *her*, elle, la,	*it*, cela. — *it*, cela.
	PLUR.	*Nom.* *Poss.* *Compl.*	*we*, nous, *ours*, à nous, les nôtres *us*, nous.	*you*, vous, *yours*, à vous, l. vôtres *you*, vous.	GENRE COMMUN. *they*, ils, elles, *theirs*, à eux, à elles, les leurs, *them*, eux, les,		
RÉFLÉCHIS.	SING. PLUR.	*Nom.* *et Com.*	*myself*, me, *oursel'ves*, n.-mêmes	*thyself*, te, toi-même *yourselves*, v.-mêmes	*himself*, lui-même	*herself* elle-même	*itself* lui-même
					G. com. : *themsel'ves*, se, eux-mêmes.		
DÉMONSTR.	SING. PLUR.	*Tous les cas.*	n'ont que la 3e pers.; sont applicables à tous les genres. **He**, **she**, **they** en sont.		*this*, celui-ci, celle-ci; *that*, celui-là, etc. *these*, ceux-ci, celles-ci; *those*, ceux-là, etc.		
RELATIFS ET INTERROGAT.	SING. et PLUR.	*Nom.* *Poss.* *Compl.*	Masc. et fém. applicables à toutes les personnes :	*whó*; neut. *which*; indéf. *whát*, ce que. *whóse*, dont. *whóm*, que, qui.	Relatif indéfini com., *that*, qui, appl. à toute pers., nomb. et cas.		
INDÉFINIS.	s. et PL.	*t. l. cas.*	*one's self*, pronom réfléchi indéfini ; pour les autres, voyez le §. 141.				

127. [Qu'est-ce que le pronom?
Combien de sortes de pro-
noms y a-t-il en anglais?
128. Dites les pronoms personnels
avec leurs compléments.
Y a-t-il pour chaque pronom
personnel des formes différentes pour les trois genres?
129. Comment écrit-on toujours le
nominatif singulier du pronom de la première per-
sonne?
130. De quel nombre du pronom
de la deuxième personne
se sert-on de préférence
pour adresser la parole à
quelqu'un?
A quels cas se réduit l'usage
du singulier de la deuxième
personne?
131. Quel est l'usage des pronoms
possessifs?
Ont-ils le cas possessif?
Récitez ces pronoms.
132. Y a-t-il un pronom possessif
pour exprimer le neutre de
la troisième personne?
A qui ou à quoi se rapportent
toujours les pronoms pos-
sessifs?
Déclinez le pronom personnel
de la deuxième personne,
en vous servant du nomi-
natif du pronom possessif
pour le cas possessif.

133. Récitez les pronoms réfléchis.
Ces pronoms peuvent-ils être
précédés d'un pronom per-
sonnel?
Quel est le pronom réfléchi
indéfini?
134. Comment fait-on le pronom
réfléchi de la deuxième
personne en adressant la
parole à une seule per-
sonne?
135. Quel est l'usage des pronoms
démonstratifs?
Récitez-les avec leurs pluriels.
136. Quel est l'usage des pronoms
relatifs?
Quel est le pronom relatif
pour le masculin et le féminin?
137. Et le pronom relatif neutre?
Comment fait-on le cas possessif?
Et le complément?
138. Quel est le pronom relatif du
genre commun?
139. Et le relatif indéfini?
140. Quels sont les pronoms interrogatifs?
141. Citez quelques pronoms indéfinis.
Reconnaissez-vous quelques
adjectifs indéfinis parmi ces
pronoms?]

DU VERBE EN GÉNÉRAL.

143. Le verbe est un mot par lequel on affirme que l'on est ou que l'on fait quelque chose.

Tous les verbes sans exception contiennent l'idée de *l'existence*, car pour *agir* il faut *exister*.

Lorsqu'on dit, par exemple, *j'écris*, ce mot peut se résoudre en *je suis écrivant*.

144. Le verbe qui exprime l'*existence*, c'est-à-dire le verbe **être**, se trouve compris dans tous les autres verbes. C'est pourquoi on l'appelle *verbe substantif*, ou mieux encore, **verbe essentiel.**

Les autres verbes s'appellent *verbes attributifs.*

145. On appelle *sujet* du verbe la personne ou la chose qui fait l'action ou qui est dans l'état marqué par le verbe.

On trouve le sujet en mettant *qui* ou *qu'est-ce qui* devant le verbe. La réponse à cette question indique le sujet.

Exemple. L'*enfant est sage.*—*Qui* est sage? Réponse, l'*enfant.* Voilà le sujet du verbe *est.*

Le sujet est tantôt un substantif, tantôt un pronom, et même quelquefois un verbe.

146. On appelle verbe *actif* ou *transitif* tout verbe exprimant une action faite par le sujet, et qui passe directement du sujet sur une personne ou sur une chose.

On reconnaît qu'un verbe est *transitif* quand on peut mettre *quelqu'un* ou *quelque chose* après ce verbe.

Le verbe *neutre* ou *intransitif* exprime une action faite par le *sujet.*

On reconnaît qu'un verbe est *intransitif* quand on ne peut pas mettre après lui *quelqu'un* ou *quelque chose.*

En d'autres termes, le verbe *transitif* ne peut être suivi que d'un *complément direct*, et le verbe *intransitif* ne peut avoir qu'un *complément indirect.* (§ 95.)

147. Le verbe peut avoir les trois *voix* suivantes, savoir :

La voix *active* proprement dite, qui exprime une action faite par le sujet.

La voix *passive*, qui exprime une action soufferte, supportée par le sujet.

Et la voix *pronominale, réfléchie* ou *réciproque*, qui exprime une action faite par le sujet sur *lui-même.*

Ainsi : *Je prépare un travail* est une voix *active ;*

Je suis préparé à telle chose par mon père est une voix *passive;*

Je me prépare à un voyage est une voix *réfléchie.*

148. On peut aussi compter comme quatrième voix l'*impersonnel,* où l'action n'est pas attribuée à une personne, comme *il pleut, il arrive,* etc.

149. Le *temps* est la forme particulière que prend le verbe pour marquer l'époque à laquelle se rapporte l'action ou l'état dont on parle.

Il y a trois temps : le *présent*, qui marque que la chose est ou se fait au moment où l'on parle, comme *je lis;* le *passé*, qui marque que la chose a été faite, comme *j'ai lu;* le *futur*, qui marque que la chose sera ou se fera, comme *je lirai.*

150. On distingue cinq sortes de passés : l'*imparfait*, le *passé défini*, le *passé indéfini*, le *passé antérieur* et le *plus-que-parfait.*

Ces temps ne s'emploient pas toujours en anglais comme en français.

151. L'imparfait a en français deux sens bien distincts : un sens *propre* et un sens que nous appellerons *historique* [1].

Dans son sens *propre* il indique que la chose était ou se faisait en même temps qu'une autre.

Dans la phrase *il chantait lorsque j'entrai*, mon action d'entrer a lieu en même temps que son action de chanter.

Mais dans le sens *historique* [1], l'imparfait n'indique en français que la *longue durée* d'une action passée non interrompue par une autre action.

EXEMPLE :

« Bocchoris comptait pour rien les hommes, croyant qu'ils n'étaient faits que pour lui, et qu'il était d'une autre nature qu'eux; il ne songeait qu'à contenter ses passions. » Fénelon.

Il est évident qu'ici on ne raconte aucune action qui serait arrivée *pendant* que Bocchoris *comptait*, *pendant* qu'il *songeait*, etc. On n'indique qu'une longue durée d'une action passée.

152. En anglais, l'imparfait n'a que son sens propre; le sens historique est exprimé par le passé défini, qui est le *temps historique* par excellence.

[Ce que nous appelons ici le *passé défini*, c'est l'*imparfait* des

---

[1] Les *temps historiques* sont ceux dont on se sert pour *raconter*. Le passé défini et le plus-que-parfait sont aussi des *temps historiques*.

autres grammaires. Pour nous, le véritable imparfait anglais, celui qui répond à l'imparfait français dans son sens propre, se compose avec le verbe *être* et le participe présent. Ex.: *I was run'ning*, je courais. Cette confusion que l'on a introduite dans les noms de ces deux temps, est une source continuelle d'erreurs et d'équivoques.]

153. Sous tout autre rapport, le *passé défini* est employé en anglais comme en français, c'est-à-dire qu'il exprime que la chose fut ou se fit *dans un temps complétement passé et indiqué d'une manière précise.*

En français, cette règle n'est pas rigoureusement observée, et l'on préfère ordinairement le passé indéfini au passé défini.

En anglais, au contraire, elle est observée à la lettre.

154. En anglais, le *passé indéfini* n'est employé que lorsque le temps, quoique entièrement passé, *n'est pas indiqué*, ou que *la période de temps indiquée n'est pas entièrement passée.*

EXEMPLES :

He was think'ing of it, when some'body came to speak to him.
Il y *pensait*, lorsqu'on *vint* lui parler.

Pensait se met à l'imparfait, parce qu'une autre action est arrivée avant qu'il eût fini de penser. *Vint* exige le passé défini, parce que le temps de la venue est précisé, c'est-à-dire lorsqu'il *pensait*.

He believ'ed he could do it.
Il *croyait* pouvoir le faire.

Croyait exige le passé défini, car il s'agit d'une action permanente.

I went to see him yes'terday.
Je suis allé le voir hier.

Je suis allé veut le passé défini, car l'action est passée, et le temps *hier* est entièrement passé.

I have been to see him.
J'ai été le voir.

J'ai été exige le passé indéfini, car le temps, quoique passé, n'est pas précisé.

Hᴇ set out last week.
Il *est parti* la semaine dernière.

Est parti se met au passé défini, car le temps est précisé, et la semaine est entièrement passée.

He has been here this month.
Il *est venu ici* ce mois-ci.

Est venu se met au passé indéfini, car l'action, quoique passée, a eu lieu dans *ce mois-ci,* espace de temps qui n'est pas entièrement écoulé.

I have not been to the country this year.
Je n'*ai pas été* à la campagne cette année.

Ai été, passé indéfini, car l'année n'est pas entièrement passée.

I was in the country last year.
J'*ai été* à la campagne l'année dernière.

Ai été, passé défini, puisque l'année est entièrement écoulée.

[La théorie que nous venons de développer n'est pas toujours rigoureusement suivie dans le style familier. On dit, par exemple : *I was dreaming of you last night,* au lieu de *I dreamt of you,* j'ai rêvé de vous la nuit dernière, etc. Mais ce sont là des exceptions insignifiantes. Les règles que nous venons d'indiquer sont les seules réellement admises par les grammairiens, et appuyées sur l'autorité des meilleurs écrivains.]

155. Le *plus-que-parfait* a en anglais le même sens qu'en français, c'est-à-dire qu'il exprime que la chose fut faite avant une autre.

Il comprend aussi le passé antérieur : *Lorsque j'eus fait.*

156. Le *futur simple* indique qu'une chose sera ou se fera.

Le *futur antérieur* indique que la chose sera ou se fera avant une autre.

Ces deux temps s'emploient en anglais comme en français.

157. Le *mode* est la manière dont le verbe présente l'action ou l'état qu'il exprime.

158. Le verbe est à l'*infinitif* quand il exprime l'action sans nombre ni personne.

Il est à l'*indicatif* quand on indique simplement que la chose est, qu'elle a été ou qu'elle sera.

Il est au *subjonctif* quand il dépend d'un autre verbe et qu'il présente la chose, l'action ou l'état comme incertain et futur.

Il est au *conditionnel* quand on dit qu'une chose serait ou qu'elle aurait été moyennant une condition.

Il est à l'*impératif* lorsqu'on commande de faire la chose.

Il est au *potentiel* lorsqu'il indique la possibilité de faire une chose.

Il est à l'*actuel* lorsqu'il indique que la chose se fait, se faisait ou se fera au moment même dont on parle.

[Nous appelons ici *mode actuel* la combinaison du verbe *être* avec le participe présent, combinaison d'un usage extrêmement fréquent, surtout dans le style familier, et qui cependant a manqué d'un nom jusqu'ici [1]. C'est ce mode qui fournit le véritable imparfait dans son sens propre (§ 152).]

---

[1] [Les grammairiens ont craint jusqu'ici de donner aux modes le développement qu'ils méritent, de crainte de rendre les conjugaisons trop compliquées. Nous nous sommes placé à un autre point de vue. Tout en admettant ce que la simplicité a de désirable, nous avons cru que la précision présentait des avantages plus considérables encore. Suivant nous, la véritable simplicité ne s'obtient pas en retranchant ce qu'il est nécessaire de savoir, mais en donnant de l'ordre aux idées. Or cet ordre, l'obtiendra-t-on en passant sous silence toutes les différentes nuances propres aux auxiliaires si nombreux dans la langue anglaise ? Cet ordre, l'obtiendra-t-on, en permettant que l'élève trouve dans les textes anglais *shall*, *will*, etc., employés de deux ou trois différentes manières, dont sa grammaire ne dit pas un mot? Nous ne le croyons pas, et l'expérience nous en démontre toujours le contraire. Ces modes si compliqués sont des longueurs nécessaires si l'on veut que l'élève sache faire un thème supportable. Ces longueurs ont d'ailleurs leur avantage en ce qu'elles offrent au professeur des matériaux pour une répétition continuelle des conjugaisons, répétition qu'il faut faire marcher simultanément avec les thèmes et les versions. Le verbe, c'est le principe de vitalité, le sang d'une langue, et plus on y exercera l'élève, plus on réussira à le former.

Ce qui nous a étonné dans les autres grammaires, c'est le peu de cas que l'on a fait de ce mode si important qui exprime l'action actuelle. C'est à peine si l'on en fait mention dans la syntaxe, tandis qu'il est,

Il est au mode *emphatique* [1] lorsqu'il donne de la force à l'affirmation. En français, on fait ce mode par des adverbes tels que *réellement, effectivement,* etc. EXEMPLE : *I dô say it,* Je le dis *sérieusement.*

159. Outre ces modes, les Anglais en forment d'autres pour indiquer le *désir,* le *doute,* l'*interrogation,* la *négation,* le *besoin,* le *devoir,* etc., à l'aide d'un nombre assez considérable de verbes auxiliaires.

160. La préposition *tô* est le signe de l'infinitif.

Lorsque l'infinitif est précédé de *tô,* on l'appelle *complet. Tô rêad,* lire.

Lorsque *to* manque, l'infinitif est *incomplet.*

161. Réciter de suite les différents modes d'un verbe avec tous leurs temps, leurs nombres et leurs personnes, cela s'appelle *conjuguer.*

162. En anglais, il n'y a que le présent et le parfait défini de l'indicatif et du subjonctif qui se fassent sans verbes auxiliaires.

Questionnaire.

143. [Qu'est-ce qu'un verbe ?
Quelle est l'idée principale contenue dans tous les verbes ?

Séparez, dans le verbe *j'écris,* l'idée de l'existence de celle de l'action

144. Quel est le verbe qui exprime

---

dans la conversation surtout, plus usité même que l'indicatif. Il a d'ailleurs une importance théorique, en ce qu'il met en pratique l'axiome que tout verbe attributif n'est qu'une combinaison du verbe *être* et du participe présent. Nous lui avons donné dans les conjugaisons la place qu'il mérite.

On pourra nous objecter qu'on ne doit pas embarrasser les conjugaisons de toutes ces nuances, dont la place est marquée d'avance dans la syntaxe. Il est vrai que les autres grammaires placent ces nuances dans la partie syntaxique, et c'est justement pour cela que l'élève ne les apprend pas. Comment prétendre, en effet, que l'élève, dont le temps est ordinairement assez limité, aille chercher les constructions élémentaires dont il a besoin, dans cette collection, de tournures, souvent rares et exceptionnelles, que l'on est convenu d'appeler syntaxe? Non, ce sont les conjugaisons qu'il faut développer, car c'est là qu'il les cherchera tout naturellement.]

[1] *Em'phasis,* emphase, exprime en anglais l'action d'appuyer sur le mot sur lequel on veut spécialement appeler l'attention. Ce mot se met ordinairement en italique.

l'existence ?
Comment l'appelle-t-on?
Comment appelle-t-on les autres verbes ?

145. Qu'est-ce que le sujet?
Comment le trouve-t-on?

146. Qu'est-ce qu'un verbe actif ou transitif ?
Comment le reconnaît-on?
Qu'est-ce qu'un verbe neutre ou intransitif?
Comment le reconnaît-on ?

147. Combien de voix peut avoir le verbe?
La voix active qu'exprime-t-elle ?
Et la voix passive?
Et la voix pronominale, réfléchie ou réciproque ?

148. Qu'est-ce que l'impersonnel ?

149. Qu'est-ce que les temps du verbe ?
Combien de temps y a-t-il?

150. Y a-t-il plusieurs sortes de temps passés?
Dites-les.

151. Combien de sens l'imparfait a-t-il en français ?
Qu'exprime-t-il dans son sens propre?
Et dans son sens historique?
Citez des exemples de ces sens.

152. En anglais, l'imparfait a-t-il le sens historique ?
Par quel temps exprime-t-on ce dernier?

153. Quel est l'emploi du passé défini sous tout autre rapport ?

154. Quand emploie-t-on le passé indéfini en anglais?
Citez des exemples.

155. Quand emploie-t-on le plus-que-parfait en anglais?

156. Et le futur simple?
Et le futur antérieur ?

157. Qu'est-ce qu'un mode?

158. Qu'est-ce que l'on exprime par le mode infinitif?
Par le mode indicatif?
Par le mode subjonctif?
Par le mode conditionnel ?
Par le mode impératif ?
Par le mode potentiel?
Par le mode actuel ?
Par le mode emphatique ?

159. Y a-t-il encore d'autres modes ?

160. Quel est le signe de l'infinitif?
Quand l'infinitif est-il complet?
Quand est-il incomplet?

161. Qu'appelle-t-on conjuguer ?

162. Quels sont les temps que l'on fait en anglais sans verbes auxiliaires ?]

DES PARTICIPES.

163. Les participes sont des adjectifs qui dérivent du verbe.

Ils expriment l'action sans tenir compte de la personne qui agit ou qui reçoit l'action.

Il y a deux participes simples : le participe *présent* et le participe *passé*.

Le participe *présent* exprime une action qui n'est pas terminée.

Le participe *passé* exprime une action terminée.

[Quoique nous nous soyons contenté de ces définitions pour éviter de l'embarras à l'élève, on sent bien qu'elles ne sont pas rigoureusement exactes. Les participes, combinés avec les auxiliaires pour former les temps et les modes, ne sont pas des adjectifs, mais des parties intégrantes du temps ou du mode qu'ils forment; et avec le verbe *être*, ce sont des attributs.]

164. En combinant ensemble le participe présent des verbes *avoir* et *être* avec le participe passé du verbe que l'on conjugue, on obtient un *participe composé*. Ex. *Hăv'ing spoken,* ayant parlé ; *bē'ing lif'ted,* étant soulevé.

Ce participe peut toujours se résoudre en : *comme* (le sujet (§. 145) *avait parlé; comme* (le sujet) *avait été soulevé.*

165. Les participes simples se combinent, comme en français, avec les verbes *avoir* et *être*, pour composer les temps et les modes.

Questionnaire.

163. [Qu'est-ce qu'un participe?
Qu'exprime-t-il?
Combien y a-t-il de participes simples?
Qu'est-ce que le participe présent?
Et le participe passé?

164. Et le participe composé?
En quoi peut-on toujours le résoudre?
Avec quoi se combinent les participes simples, et pour quel objet?]

DES VERBES AUXILIAIRES.

166. On entend par *verbes auxiliaires*, des verbes que l'on combine avec d'autres verbes (que l'on appelle *verbes principaux*), pour les faire changer de voix, de mode ou de temps.

En français, *être* et *avoir* sont des verbes auxiliaires.

Ils sont très-nombreux en anglais, comparativement au français. Il y en a six qui sont *défectifs*, c'est-à-dire qu'ils n'ont pas tous les temps ni tous les modes que l'on rencontre dans les autres verbes.

Il y en a aussi dont l'usage comme auxiliaires est très-restreint, et limité à un ou deux temps seulement; mais comme ces cas arrivent très-souvent, ces auxiliaires n'en sont pas moins importants.

167. TABLEAU DES VERBES AUXILIAIRES.

DÉFECTIFS.

dois,	*shăll,*	
veux,	*will,*	ont le présent, le passé défini et le condi-tionnel seulement.
puis,	*can,*	
puis,	*may,*	
devrais,	*ought,*	n'a qu'un temps, qui a la valeur du condi-
(§. 53.)		tionnel.
dois,	*must,*	un seul temps invariable, mais applicable au présent, au passé et au futur.

168. COMPLETS.

tó be,	être.		*tó go,*	aller.
tó hăve,	avoir.		*to wănt,*	avoir besoin.
tó dó,	faire.		*to like,*	aimer à.
tó let,	laisser.		*to use,*	avoir l'habitude.

169. *Shăll, will, can, may, must, let* et *dó,* ne se combinent qu'avec l'infinitif incomplet du verbe princi-pal (§. 160).

Ought, go, wănt, like et *use,* ne peuvent se combiner qu'avec l'infinitif complet.

Tó bē peut se combiner : 1º avec le participe passé ; 2º avec le participe présent ; 3º avec l'infinitif complet.

Tó hăve se combine avec le participe passé, et avec l'infinitif complet.

170. **VERBES DÉFECTIFS.**

SHALL.

PRÉSENT.

SING.	*I shăll,*	je dois.
	Thou shălt,	tu dois.
	He shăll, she shăll, it shăll,	il ou elle doit.
PLUR.	*We shăll,*	nous devons,
	You shăll,	vous devez.
	They shăll,	ils doivent.

CONDITIONNEL.

SING.	*I shŏŭld,*	je devrais.
	Thou shŏŭldst,	tu devrais.
	He, she, it shŏŭld,	il ou elle devrait.

Plur. *We shŏŭld,*   nous devrions.
       You shŏŭld,   vous devriez.
       They shŏŭld,   ils devraient.

171.   **WILL.**

PRÉSENT.

Sing. *I will,*   je veux.
       Thou wilt,   tu veux.
       He, she, it will,   il ou elle veut.
Plur. *We will,*   nous voulons.
       You will,   vous voulez.
       They will,   ils ou elles veulent.

PASSÉ DÉFINI OU CONDITIONNEL.

Sing. *I wŏŭld,*   je voulus ou voudrais.
       Thou wŏŭldst,   tu voulus ou voudrais.
       He, she, it wŏŭld,   il ou elle voulut ou voudrait.
Plur. *We wŏŭld,*   nous voulûmes ou voudrions.
       You wŏŭld,   vous voulûtes ou voudriez.
       They wŏŭld,   ils ou elles voulurent ou vou-
                                        draient.

172. *Shăll* et *will* s'emploient pour former les futurs, mais d'une manière assez remarquable.

Shăll ne s'emploie ordinairement dans ce sens qu'à la première personne et *will* dans les deux autres.

Will à la première personne exprime une volonté; *shăll*, à la seconde et à la troisième, exprime un commandement; c'est un véritable impératif. (§. 298.)

EXEMPLES :

I SHALL *rĕad,*   je lirai.   *Thou* SHALT *rĕad,* tu dois lire.
I WILL *rĕad,*   je veux lire.   *Thou* WILT *rĕad,* tu liras.
We SHALL *rĕad,* nous lisons.   *They* SHALL *rĕad,* ils doivent lire.
We WILL *rĕad,*   lisons , nous   *They* WILL *rĕad,* ils liront.
                    voulons lire [1].

[Dans le langage familier on fait une contraction des pronoms personnels avec *will*, en disant *I'll*, *he'll*, *she'll*, *we'll*, *you'll*, *they'll*; et avec *would*, en disant *I'd*, *he'd* *she'd*, *we'd*, *they'd*. On dit aussi *'twill* pour *it will*. On réunit l'adverbe de négation *not*, ne pas, avec *shall*, en faisant *sha'nt*; avec *should*, en faisant

---

[1] C'est dans le sens de : *nous voulons lire malgré vous.* Mais la phrase : *come, we will read now,* doit se traduire par : *allons, lisons maintenant.*

shouldn't ; avec *will,* en faisant *won't,* et avec *would,* en faisant *wouldn't.*]

173.   CAN.

PRÉSENT.

Sing.	*I can,*	je puis.
	Thou canst,	tu peux.
	He, she, it can,	il ou elle peut.
Plur.	*We can,*	nous pouvons.
	You can,	vous pouvez.
	They can.	ils peuvent.

PASSÉ DÉFINI ET CONDITIONNEL.

Sing.	*I cŏŭld,*	je pus ou pourrais.
	Thou cŏŭldst,	tu pus ou pourrais.
	He, she, it cŏŭld,	il ou elle put ou pourrait.
Plur.	*We cŏŭld,*	nous pûmes ou pourrions.
	You cŏŭld,	vous pûtes ou pourriez.
	They cŏŭld,	ils purent ou pourraient.

Can se combine avec l'infinitif incomplet du verbe principal pour former le potentiel. (§. 158.)

[*Can* combiné avec *not* fait *can't ;* de même *could* fait *couldn't* dans le style familier.]

La lettre *l* ne se prononce pas dans les trois conditionnels *shŏŭld, wŏŭld, cŏŭld.*

174. Les grammaires conjuguent ordinairement ces trois conditionnels ensemble, comme s'ils étaient synonymes. Cependant, ils ont des sens bien tranchés.

Shŏŭld est le conditionnel obligatoire *je devrais ;* mais il a aussi le sens de l'imparfait du subjonctif, après une conjonction qui exprime le doute.

If he shŏŭld cŏme,   s'il venait.

Wŏŭld a le sens du désir : *je voudrais ;* mais il a aussi ceux de l'imparfait historique (§. 151) et du passé défini français :

I wŏŭld not,   je ne { voulais / voulus } point.

Il a aussi un sens *fréquentatif,* c'est-à-dire, qui indique qu'une même action se faisait fréquemment :

I wŏŭld talk with him,   je causais *souvent* avec lui.

Cŏŭld a le sens du potentiel conditionnel, *je pourrais;* et celui de l'imparfait historique français, *je pouvais*, et du passé défini.

$$I\ c\breve{o}\breve{u}ld\ speak,\qquad je\ \left\{\begin{array}{l} \text{pus} \\ \text{pouvais} \\ \text{pourrais} \end{array}\right\}\ \text{parler.}$$

175. MAY. (§. 53.)

PRÉSENT.

Sing.	*I may.*	je puis.
	Thou mayst,	tu peux.
	He, she, it may,	il ou elle peut.
Plur.	*We may,*	nous pouvons.
	You may,	vous pouvez.
	They may,	ils peuvent.

CONDITIONNEL.

Sing.	*I might,*	je pourrais.
	Thou mightst,	tu pourrais.
	He, she, it might,	il ou elle pourrait.
Plur.	*We might,*	nous pourrions.
	You might,	vous pourriez.
	They might,	ils pourraient.

176. *May* et *can* se traduisent également par *pouvoir,* mais il y a une différence assez tranchée entre les deux.

May exprime la probabilité, ou bien la possibilité à la suite d'une permission donnée ; *I may wâlk*, je *puis,* il *m'est permis de* me promener.

Can indique la possibilité matérielle ; *I can wâlk*, je *puis,* je *suis en état de* me promener.

[Les temps que l'on ne peut pas faire avec *can*, se font avec *to be âble*, être capable, verbe composé qui se conjugue comme *to be* (§. 187) ; l'attribut *able* reste invariable. Ce verbe est suivi de l'infinitif complet]

177. OUGHT. (§. 53.)

CONDITIONNEL.

Sing.	*I ought,*	je devrais.
	Thou oughtst,	tu devrais.
	He, she, it ought,	il ou elle devrait.
Plur.	*We ought,*	nous devrions.
	You ought,	vous devriez.
	They ought,	ils ou elles devraient.

178. MUST est invariable, et se combine avec l'infinitif incomplet, et avec tous les pronoms personnels.

[Tous ces verbes se prêtent dans le style familier à des contractions avec *not*, comme *mayn't*, *mightn't*, *oughtn't*, *mustn't*. Il en est de même des suivants, qui font *havn't*, *hadn't*, *aren't*, *weren't*, etc. On dit *'tis* pour *it is*.]

Questionnaire.

166. [Qu'est-ce qu'un verbe auxiliaire ?
Combien y en a-t-il en anglais ?
Sont-ils tous complets ?
167. Dites les verbes défectifs.
168. Et les verbes complets.
169. Quels sont les auxiliaires qui se combinent avec l'infinitif incomplet ?
Et ceux qui se combinent avec l'infinitif complet ?
Avec quoi se combine *to be ?*
Et *to have ?*
170. Conjuguez *shall*.
171. Conjuguez *will*.
172. Comment emploie-t-on ces verbes pour former les futurs ?
Citez des exemples.
173. Conjuguez *can*.
A quoi sert ce verbe ?
Comment faut-il prononcer les trois conditionnels *should*, *would*, et *could ?*
174. Quel est le sens de *should ?*
De *would ?*
De *could ?*
175. Conjuguez *may*.
176. Quelle est la différence entre *can* et *may ?*
177. Conjuguez *ought*.
178. Conjuguez *must*.]

VERBES COMPLETS.

179. TO HAVE, AVOIR (*actif*).

INFINITIF PASSÉ	*To hăve had*,	avoir eu.
PARTICIPE PRÉSENT	*hăv'ing*,	ayant.
PARTICIPE PASSÉ	*had*,	eu.
PARTICIPE COMPOSÉ	*hav'ing had*,	ayant eu.

MODE INDICATIF.
PRÉSENT.

SING.	*I hăve*,	j'ai.
	Thou hast,	tu as.
	He, she, it has ou *hath* [1],	il ou elle a.
PLUR.	*We hăve*,	nous avons.
	You hăve,	vous avez.
	They hăve,	ils ou elles ont.

---

[1] Forme ancienne, encore usitée dans le style biblique.

IMPARFAIT ET PASSÉ DÉFINI.

Sing.	I had,	j'avais ou j'eus.
	Thou hadst,	tu avais ou eus.
	He, she, it had,	il ou elle avait ou eut.
Plur.	We had,	nous avions ou eûmes.
	You had,	vous aviez ou eûtes.
	They had,	ils ou elles avaient ou eurent.

PASSÉ INDÉFINI.

Sing.	I have had,	j'ai eu.
	Thou hast had,	tu as eu.
	He, she, it has had,	il ou elle a eu.
Plur.	We have had,	nous avons eu.
	You have had,	vous avez eu.
	They have had,	ils ont eu.

PLUS-QUE-PARFAIT ET PASSÉ ANTÉRIEUR.

Sing.	I had had,	j'avais ou eus eu.
	Thou hadst had,	tu avais ou eus eu.
	He, she, it had had,	il ou elle avait ou eut eu.
Plur.	We had had,	nous avions ou eûmes eu.
	You had had,	vous aviez ou eûtes eu.
	They had had,	ils avaient ou eurent eu.

FUTUR.

Sing.	I shall have,	j'aurai.
	Thou will have,	tu auras.
	He, she, it will have,	il ou elle aura.
Plur.	We shall have,	nous aurons.
	You will have,	vous aurez.
	They will have,	ils auront.

FUTUR ANTÉRIEUR.

Sing.	I shall have had,	j'aurai eu.
	Thou will have had,	tu auras eu.
	He, she, it will have had,	il ou elle aura eu.
Plur.	We shall have had,	nous aurons eu.
	You will have had,	vous aurez eu.
	They will have had,	ils auront eu.

Tous ces temps peuvent se conjuguer avec la conjonction *if*, si, placée avant le sujet, pour exprimer *si j'ai, si j'avais*, etc.

Exemple : *If I had,* si j'avais ;
If thou hadst had, si tu avais eu [1].

Au lieu de *if I had, if thou hadst had,* on peut dire :
had I, hadst thou had, etc.

MODE IMPÉRATIF.

PRÉSENT.

Sing. *Let me have,*   que j'aie (ayons).
Have,   aies
Let him, her, it have,   qu'il ou qu'elle ait.
Plur. *Let us have,*   ayons.
Have,   ayez.
Let them have,   qu'ils ou qu'elles aient.

FUTUR.

Sing. *Thou shalt have,*   tu auras, dois avoir.
He, she, it shall have,   il ou elle aura, doit avoir.
Plur. *You shall have,*   vous aurez, devez avoir.
They shall have,   ils auront, doivent avoir.

180.   MODE SUBJONCTIF.

PRÉSENT.

Sing. *That I have,*   que j'aie
That thou have,   que tu aies.
That, he, she, it have,   qu'il ou qu'elle ait.
Plur. *That we have,*   que nous ayons.
That you have,   que vous ayez.
That they have,   qu'ils aient.

PASSÉ INDÉFINI.

Sing. *That I have had,*   que j'aie eu, etc.

---

[1] C'est ce qu'on pourrait appeler le *mode hypothétique,* parce qu'on
exprime une *hypothèse,* une *supposition,* qui nous oblige à mettre le
verbe suivant au conditionnel. C'est en mêlant ces temps avec ceux du
subjonctif que les grammairiens ont jeté de l'obscurité sur la question
si claire de l'usage de ce dernier mode. Le subjonctif, en anglais, n'exprime
que *le doute, l'incertitude* sur une contingence à venir ; il a donc
toujours un sens futur, et ne peut en avoir d'autre. Dans le style législatif,
il y a le passé, dans ce sens que le législateur prévoit un événement
auquel il veut appliquer sa loi.

EXEMPLE :

« *And if he have betroth'ed her unto his son, he shall deal with her
after the manner of his daughters.* » Exod. xxi, 9.

« Et s'il arrive qu'il l'ait fiancée à son fils, il la traitera comme il
traite ses filles. »

181.   MODE CONDITIONNEL

1er Présent, *indiquant une condition simple.*

Sing.   *I should have,*   j'aurais.
        Thou wouldst have,   tu aurais.
        He, she, it would have,   il ou elle aurait.
Plur.   *We should have,*   nous aurions.
        You would have,   vous auriez.
        They would have,   ils auraient.

2e Présent, *indiquant le devoir.*

Sing.   *I should have,*   je devrais avoir.
        Thou shouldst have,   tu devrais avoir, etc.,
        (comme *should* au § 170).
        Le même avec *ought* (§ 177).
Sing.   *I ought to have,*   je devrais avoir, etc.

3e Présent, *indiquant le désir.*

Sing.   *I would have,*   je voudrais avoir, etc.,
        (comme *would* au § 171).

1er passé, *indiquant une simple condition.*

Sing.   *I should have had,*   j'aurais eu.
        Thou wouldst have had,   tu aurais eu.
        He, she, it would have had, il aurait eu.
Plur.   *We should have had,*   nous aurions eu.
        You would have had,   vous auriez eu.
        They would have had,   ils auraient eu.

2e passé, *indiquant le devoir.*

Sing.   *I should have had* ou   }
        I ought to have had,   } j'aurais dû avoir, etc.,
        (comme *should* et *ought* aux §§ 170, 177).

3e passé, *indiquant le désir.*

Sing. *I would have had,*   j'aurais voulu avoir, etc.,
        (comme *would* au § 171).

182.   MODE POTENTIEL.

PRÉSENT.

Sing.   *I may* ou *can have,*   je puis avoir, etc.,
        (comme *may* et *can* aux §§ 173, 175).

PASSÉ.

Sing.   *I may* ou *can have had,*   je puis avoir eu, etc.,
        (comme *may* et *can* aux §§ 173, 175).

POTENTIEL CONDITIONNEL.

PRÉSENT.

Sing.   *I might* ou *could have*,   je pourrais avoir.
    Thou mightst ou *couldst have*, tu pourrais avoir, etc.,
        (comme *might* et *could* aux §§ 173, 175).

PASSÉ.

Sing.   *I might* ou *could have had*, j'aurais pu avoir, etc,

MODE NÉGATIF.

183. Ce mode se forme en plaçant *not*, adverbe qui
veut dire *ne pas*, immédiatement après le verbe *have*,
lorsqu'il est au présent ou à l'imparfait. Dans les temps
composés, *not* se place immédiatement après le premier
auxiliaire. On le met en tête des infinitifs et des participes.

INFINITIF PRÉSENT.	*Not to have*,	ne pas avoir.
INFINITIF PASSÉ.	*Not to have had*,	ne pas avoir eu.
PARTICIPE PRÉSENT.	*Not having*,	n'ayant pas.
PARTICIPE COMPOSÉ.	*Not having had*,	n'ayant pas eu.
PRÉSENT.	*I have not*,	je n'ai pas.
IMPARF. et PASSÉ DÉFINI.	*I had not*,	je n'eus pas.
PASSÉ INDÉFINI.	*I have not had*,	je n'ai pas eu.
PLUS-QUE-PARFAIT.	*I had not had*,	je n'avais pas eu.
FUTUR.	*I shall not have*,	je n'aurai pas.
FUTUR ANTÉRIEUR.	*I shall not have had*,	je n'aurai pas eu.

Tous ces temps, ainsi que ceux du subjonctif, du conditionnel, et du potentiel, se conjuguent exactement
comme dans le verbe affirmatif, en mettant *not* après le
sujet et après le premier auxiliaire.

IMPÉRATIF.

Sing.	*Let me not have*,	que je n'aie pas.
	Have not,	n'aie pas.
	Let him not have,	qu'il n'ait pas.
Plur.	*Let us not have*,	n'ayons pas.
	Have not,	n'ayez pas.
	Let them not have,	qu'ils n'aient pas.

MODE INTERROGATIF.

184. Ce mode se forme en mettant le pronom après
have, lorsqu'il est au présent et à l'imparfait. Dans les
temps composés, on met le pronom immédiatement
après le premier verbe auxiliaire.

Ce mode n'a ni infinitifs, ni participes, ni impératifs.

Il suffit de conjuguer le présent et le futur antérieur, d'après lesquels on peut conjuguer tous les autres temps.

PRÉSENT.

Sing.	*Have I?*	ai-je ?
	Hast thou?	as-tu ?
	Has he, she, it?	a-t-il ? a-t-elle ?
Plur.	*Have we?*	avons-nous ?
	Have you?	avez-vous ?
	Have they?	ont-ils ?

FUTUR ANTÉRIEUR.

Sing.	*Shall I have had?*	aurai-je eu ?
	Will thou have had?	auras-tu eu?
	Will he, she, it have had?	aura-t-il (elle) eu ?
Plur.	*Shall we have had?*	aurons-nous eu?
	Will you have had?	aurez-vous eu ?
	Will they have had?	auront-ils eu?

MODE INTERROGATIF ET NÉGATIF.

185. On met le pronom après *have*, ou après le premier auxiliaire, et l'adverbe *not*, à volonté immédiatement avant ou après le pronom.

Il n'y a ni infinitifs, ni participes, ni impératif.

Conjuguons comme exemples, le plus-que-parfait et un temps du conditionnel.

PLUS-QUE-PARFAIT.

Sing.	*Had I not had?*	n'avais-je pas eu ?
	Hadst thou not had?	n'avais-tu pas eu ?
	Had he not had?	n'avait-il pas eu ?
Plur.	*Had we not had?*	n'avions-nous pas eu ?
	Had you not had?	n'aviez-vous pas eu ?
	Had they not had?	n'avaient-ils pas eu ?

CONDITIONNEL (2e Passé).

S.	*Should I not have had?*	n'aurais-je pas dû avoir ?
	Shouldst thou not have had?	n'aurais-tu pas dû avoir ?
	Should he not have had?	n'aurait-il pas dû avoir ?
Plur.	*Should we not have had?*	n'aurions-nous pas dû avoir
	Should you not have had?	n'auriez-vo pas dû avoir?
	Should they not have had?	n'auraien pas dû avoir?

Have n'a pas d'autres voix ni modes que ceux que nous venons d'indiquer.

186. Les temps du verbe *to have*, qui sont composés avec son participe passé *had*, ne sont employés comme auxiliaires qu'avec l'infinitif complet du verbe principal.

Le verbe *to have* forme, avec le participe passé du verbe principal, les temps passés et le futur antérieur.

Avec l'infinitif du verbe principal, il forme un mode qui exprime une sorte *d'obligation* ou de *devoir*, et qui correspond au français *j'ai à écrire*, etc.

Il ne peut jamais être verbe auxiliaire des verbes défectifs *shall, will, can, may, ought, must*, puisqu'ils n'ont ni infinitif, ni participe passé.

Désormais, la prononciation des verbes traités jusqu'ici ne sera plus indiquée.

Questionnaire.

179. [Faites l'infinitif passé, le participe présent, le participe passé, et le participe composé du verbe *to have*.
Conjuguez les temps simples de l'indicatif de ce verbe.
Les temps passés composés.
Les temps futurs composés.
Conjuguez tous les temps de l'indicatif, en les faisant précéder par *if*, si.
Que peut-on dire au lieu de *if I had*, etc.?
Conjuguez l'imparfait et le plus-que-parfait, en mettant le sujet après le verbe ; ce qui arrive lorsqu'on omet *if*.
Conjuguez le présent et le futur de l'impératif.

180. Conjuguez le présent et le passé indéfini du subjonctif.

181. Conjuguez le présent du conditionnel de manière à exprimer : une simple condition—le devoir, avec *should* — et avec *ought* —enfin le désir.
Conjuguez le passé du conditionnel de même.

182. Conjuguez le mode potentiel,

Et le mode potentiel conditionnel.

183. Faites les infinitifs et les participes du mode négatif.
Conjuguez le présent, le passé indéfini, le futur de ce mode — l'impératif négatif.

184. Comment faites-vous le mode interrogatif dans les temps simples ?
Et dans les temps composés?
Conjuguez le passé défini, le futur, etc., de ce mode.

185. Comment faites-vous le mode interrogatif et négatif?
Conjuguez le présent, le passé indéfini, etc., de ce mode.
Have a-t-il d'autres voix ou modes que ceux que nous venons de voir?

186. Comment emploie-t-on comme auxiliaires les temps passés composés du verbe *have* ?
Avec quoi combine-t-on *have* pour former les temps passés des autres verbes ?
Et pour former un mode exprimant l'obligation, ou le devoir?
Y a-t-il des verbes avec lesquels il ne puisse pas se combiner ? — Lesquels?]

5

187.   TO BE, ÊTRE (*actif*).

Infinitif passé.	*To have been,*	avoir été.
Participe présent.	*Be'ing,*	étant.
Participe passé.	*Been,*	été.
Participe composé.	*Hav'ing been,*	ayant été.

MODE INDICATIF.

PRÉSENT.

Sing.	*I am,*	je suis
	Thou art,	tu es.
	He, she, it is,	il ou elle est.
Plur.	*We are,*	nous sommes.
	You are,	vous êtes.
	They are,	ils sont.

IMPARFAIT ET PASSÉ DÉFINI.

Sing.	*I wás,*	j'étais ou je fus.
	Thou wást,	tu étais ou tu fus.
	He, she, it wás,	il ou elle était ou fut.
Plur.	*We wĕre,*	nous étions ou fûmes.
	You wĕre,	vous étiez ou fûtes.
	They wĕre,	ils ou elles étaient ou furent.

PASSÉ INDÉFINI.

Sing.	*I have been,*	j'ai été.
	Thou hast been,	tu as été.
	He, she, it has been,	il ou elle a été.

Etc. (comme *have*, au § 179.)

PLUS-QUE-PARFAIT ET PASSÉ ANTÉRIEUR.

Sign.	*I had been,*	j'avais été ou eus été.

Etc. (comme *had*, au § 179).

FUTUR.

Sing.	*I shall be,*	je serai.
	Thou will be,	tu seras.
	He, she, it will be,	il ou elle sera.
Plur.	*We shall be,*	nous serons.
	You will be,	vous serez.
	They will be,	ils ou elles seront.

FUTUR ANTÉRIEUR.

Sing.	*I shall have been,*	j'aurai été.

Etc. (comme *I shall have*, au § 179).

MODE IMPÉRATIF.
PRÉSENT.

Sing. *Let me be,*   que je sois (soyons).
Be,   sois.
Let him, her, it be,   qu'il ou qu'elle soit.
Plur. *Let us be,*   soyons.
Be,   soyez.
Let them be,   qu'ils ou qu'elles soient.

FUTUR.

Sing. *Thou shalt be,*   tu seras ou dois être.
He, she, it shall be,   il ou elle sera ou doit être.
Plur. *You shall be,*   vous serez ou devez être.
They shall be,   ils ou elles seront ou doivent être.

188.   MODE SUBJONCTIF.
PRÉSENT.

Sing. *That I be,*   que je sois.
That thou be,   que tu sois.
That he, she, it be.   qu'il ou qu'elle soit.
Plur. *That we be,*   que nous soyons.
That you be,   que vous soyez.
That they be,   qu'ils ou qu'elles soient.

IMPARFAIT.

Sing. *That I wĕre*[1],   que je fusse.
That thou wert,   que tu fusses.
That he, she, it wĕre,   qu'il ou qu'elle fût.
Plur. *That we wĕre,*   que nous fussions.
That you wĕre,   que vous fussiez.
That they wĕre,   qu'ils ou qu'elles fussent.

PASSÉ INDÉFINI.

Sing. *That I have been,*   que j'aie été.
That thou have been,   que tu aies été.
Etc. (comme *I have*, au § 180).

189.   MODE CONDITIONNEL.
1er PRÉSENT.

Sing. *I should be,*   je serais.
Thou wouldst be,   tu serais.
He, she, it would be,   il ou elle serait.

[1 *Were* n'est pas toujours un subjonctif ; précédé de *if*, si, ce n'est qu'un temps hypothétique (§. 179, note). Dans ce cas, on peut se servir de la même inversion déjà indiquée pour *if I had* (§. 179) c'est-à-dire qu'au lieu de *if I were*, on peut dire : *Were I*, etc.]

PLUR. *We should be,*   nous serions.
    You would be,   vous seriez.
    They would be,   ils ou elles seraient.

2e PRÉSENT (*indiquant le devoir*).

SING. *I should be,*   je devrais être.
    Thou shouldst be,   tu devrais être.
    Etc. (comme *should*, au § 170).

LE MÊME avec *ought.*

SING. *I ought to be,*   je devrais être, etc.,
    (voyez *ought* au § 177).

3me PRÉSENT (*indiquant le désir*).

SING. *I would be,*   je voudrais être, etc.,
    (voyez *would* au § 171).

1er PASSÉ.

SING. *I should have been,*   j'aurais été.
    Thou wouldst have been, tu aurais été.
    He, she, it would have been, il ou elle aurait été.
PLUR. *We should have been,*   nous aurions été.
    You would have been,   vous auriez été.
    They would have been,   ils auraient été.

2me PASSÉ (*indiquant le devoir*).

SING. *I should have been,*
    ou   } j'aurais dû être, etc.,
    I ought to have been,
    (comme *should* et *ought* aux §§ 170, 177).

3me PASSÉ (*indiquant le désir*).

SING. *I would have been,*   j'aurais voulu être, etc.,
    (comme *would* au § 171).

190. ＊   MODE POTENTIEL.

PRÉSENT.

SING. *I may ou can be,*   je puis être, etc.,
    (comme *may* et *can* aux §§ 173, 175).

PASSÉ.

SING. *I may ou can have been,* je puis avoir été, etc.
    (comme *may* et *can* aux §§ 173, 175).

POTENTIEL CONDITIONNEL.

PRÉSENT.

Sing.   *I might* ou *could be,*   je pourrais être, etc.,
(comme *might* et *could* aux §§ 173, 175).

PASSÉ.

Sing.   *I might* ou *could have been,* j'aurais pu être, etc.,
(comme *might* et *could* aux §§ 173, 175).

MODE NÉGATIF, MODE INTERROGATIF, MODE INTERROGATIF ET NÉGATIF.

191. Ces trois modes se font pour le verbe *to be* exactement de la même manière que pour le verbe *to have* (Voyez les §§ 183, 184, 185).

Pour plus de clarté, en voici quelques exemples :

INFINITIF PRÉSENT.	*Not to be,*	Ne pas être.
INFINITIF PASSÉ.	*Not to have been,*	ne pas avoir été.
PARTICIPE PRÉSENT	*Not being,*	n'étant pas.
PARTICIPE COMPOSÉ	*Not having been,*	n'ayant pas été.
PRÉSENT.	*I am not,*	je ne suis pas.
IMPARFAIT.	*Was I?*	étais-je ?
PASSÉ INDÉFINI.	*I have not been,*	je n'ai pas été.
FUTUR.	*Shall I not be?*	ne serai-je pas ?
FUTUR ANTÉRIEUR.	*Shall I have been,*	aurai-je été ?
IMPARF. DU SUBJ.	*That I were not,*	que je ne fusse pas.
1er PRÉS. DU COND.	*Should I be?*	serais-je ?
2me PRÉS. DU COND.	*Ought I to be?*	devrais-je être ?
3me PASSÉ DU COND.	*Would I not have been?*	n'aurais-je pas voulu être ?
1er PRÉS. POTENT.	*I cannot be,*	je ne puis pas être.
PASSÉ COND. POT.	*Might I not have been,*	n'aurais-je pas pu être ?

192. Le verbe *to be* sert, avec tous ses temps et modes, à faire :

1º La voix *passive*, en le combinant avec le participe passé du verbe principal ;

2º Le *mode actuel* (§ 158), en le combinant avec le participe présent du verbe principal.

Le présent et l'imparfait de l'indicatif, combinés avec l'infinitif du verbe principal, forment un mode qui indique l'obligation et le devoir. Il est alors presque synonyme du verbe *to have* (§ 186), avec cette différence, que celui-ci se combine avec l'infinitif dans tous les temps.

[Voici en quoi *to be*, combiné avec un infinitif, diffère du verbe *to have*.

I have to write, j'ai à écrire, veut dire : Parmi les choses qu'il me reste à faire, il y a encore celle d'écrire.

I am to write, je dois écrire, veut dire : On m'a chargé, on m'a imposé le travail d'écrire.]

Questionnaire.

187. Faites l'infinitif passé et les participes du verbe *to be*.
Conjuguez les temps simples de l'indicatif.
Les temps passés composés.
Les temps futurs.
Le présent et le futur du mode impératif.

188. Conjuguez le présent et l'imparfait du subjonctif.
Les temps passés composés du subjonctif.

189. Le présent du mode conditionnel, exprimant une simple condition, — le devoir, — le désir.
Le passé du conditionnel, sous chacune de ces formes.

190. Conjuguez le présent et le passé du mode potentiel.
Du mode potentiel conditionnel.

191. Faites les infinitifs et les participes du mode négatif.
Conjuguez le présent, l'imparfait, le plus-que-parfait, etc., du mode interrogatif.
Et du mode interrogatif et négatif.

192. Comment fait-on la voix passive avec le verbe *to be?*
Et le mode actuel ?
Peut-on former avec *to be* un mode exprimant l'obligation et le devoir ? — Comment ?]

193.   TO DO, FAIRE

INFINITIF PASSÉ.	*To have done,*	avoir fait.
PARTICIPE PRÉSENT.	*Doing,*	faisant.
PARTICIPE PASSÉ.	*Done,*	fait
PARTICIPE COMPOSÉ.	*Having done,*	ayant fait.

INDICATIF PRÉSENT.

SING.	*I do,*	je fais.
	Thou dost,	tu fais.
	He, she, it does,	il ou elle fait.
PLUR.	*We do,*	nous faisons.
	You do,	vous faites.
	They do,	ils font.

PASSÉ DÉFINI.

SING.	*I did,*	je fis.
	Thou didst,	tu fis.
	He did,	il fit.
PLUR.	*We did,*	nous fîmes.
	You did,	vous fîtes.
	They did,	ils firent.

IMPERATIF.

Sing. *Let me dó,* que je fasse. | Plur. *Let us dó,*   faisons.
Dó,   fais. | *Dó,*   faites.
Let him dó, qu'il fasse. | *Let them dó,* qu'ils fassent.

194. Ce verbe n'est auxiliaire qu'au présent, au passé défini, et à l'impératif. Comme verbe principal, il fait ses autres temps et modes comme *to be.*

Le présent négatif est : *I dó not,* etc.

Le passé défini négatif : *I did not,* etc,

L'impératif négatif à la deuxième personne : *dó not.*

Le présent interrogatif : *do I ? dó I not ?*

Le passé défini interrogatif : *did I? did I not?* Il suit donc les règles des §§ 183, 184, 185.

195. Il sert

1° A former les modes négatif, interrogatif et négatif-interrogatif des verbes autres que *shall, will, can, may, ought, must, to have* et *to be,* au présent et au passé défini. Les autres temps de ces modes se forment pour les autres verbes comme pour *have* et *be.*

2° A former aux mêmes temps le mode *emphatique* (§ 158.). Aux autres temps, on forme ce mode en appuyant simplement de la voix sur le premier auxiliaire.

Le verbe *to do* se combine toujours avec l'infinitif incomplet du verbe principal.

[On vient de voir que les modes négatif, interrogatif, et interrogatif et négatif de *to have* et *to be* ne se forment pas avec *do.* On ne peut pas non plus s'en servir pour former le mode emphatique de ces deux verbes, excepté à l'impératif. Ainsi on ne peut pas dire : *I do have, I do am,* j'ai, je suis réellement, mais on dit : *Do be silent,* de grâce, taisez-vous ; *do be advised,* de grâce laissez-vous conseiller ; *do have mercy,* de grâce, ayez de la miséricorde, etc.

Dans le style familier, *dó not* reçoit souvent une contraction, et devient *dōn't.*]

Questionnaire.

193. [Faites l'infinitif passé et les participes de *to do.* Conjuguez le présent et le passé défini de l'indicatif.

Conjuguez l'impératif.

194. Ce verbe est-il auxiliaire aux autres temps et modes ? Comment le conjugue-t-on comme verbe principal ?

Conjuguez, par exemple, le passé indéfini (*I have done*).
Le futur (*I shall dô*).
Le mode potentiel (*I can dô*), etc.
Comment fait-on le présent négatif?
Le passé défini négatif?

L'impératif négatif à la deuxième personne?
Le présent interrogatif?
Le passé défini interrogatif?
195. Quels sont les usages de ce verbe comme auxiliaire?
Y a-t-il des verbes avec lesquels il ne puisse pas se combiner?]

196. TO LET, LAISSER.

INFINITIF PASSÉ.	*To have let,*	avoir laissé.
PARTICIPE PRÉSENT.	*Letting,*	laissant.
PARTICIPE PASSÉ.	*Let,*	laissé,
PARTICIPE COMPOSÉ.	*Having let,*	ayant laissé.

INDICATIF.

PRÉSENT.			PASSÉ DÉFINI.	
SING. *I let,*	je laisse.		*I let,*	je laissai.
Thou lettest,	tu laisses.		*Thou didst let*[1],	tu laissas.
He, she, it lets,	il ou elle laisse		*He let,*	il laissa.
PLUR. *We let,*	nous laissons.		*We let,*	nous laissâmes
You let,	vous laissez.		*You let,*	vous laissâtes.
They let,	ils laissent.		*They let,*	ils laissèrent.

197. Ce verbe n'est auxiliaire qu'à la première et à la troisième personne du singulier et du pluriel de l'impératif, qui est *let* (Voyez les conjugaisons précédentes). Mais comme il appartient à une certaine classe de verbes irréguliers assez remarquables, il a paru utile de donner la conjugaison des deux premiers temps qui présentent quelque difficulté. (§. 238.)

Let se combine comme auxiliaire avec l'infinitif incomplet. Comme verbe principal, il se conjugue avec les auxiliaires déjà développés.

Questionnaire.

196. [Faites l'infinitif passé et les participes du verbe *to let*.
Conjuguez le présent et le passé défini de l'indicatif.
197. Est-il auxiliaire dans tous ses temps et modes?
Quand l'est-il?
Avec quoi se combine-t-il?

Comment le conjugue-t-on comme verbe principal?
Conjuguez, par exemple, le présent du conditionnel (*I should, would let*).
Le présent du mode négatif (*I dô not let*).
Le passé indéfini du mode interrogatif (*Have I let?*), etc.]

---

[1] Il y a un autre verbe *to let*, qui veut dire *empêcher*, et qui fait

TO GO, ALLER.

198. Ce verbe n'est auxiliaire qu'au participe présent, combiné avec *to be*. *To be go'ing* veut dire *être en train de faire*, etc. Il est suivi de l'infinitif complet du verbe principal, pour former un mode qui indique un commence-- ment d'action, comme en français, *je vais écrire*, etc.

Il n'est guère usité que pour le présent, et le passé défi-ni du verbe principal.

TO WANT, AVOIR BESOIN.

199. Ce verbe se combine avec l'infinitif complet, pour exprimer un état entre le désir et le besoin. *I want to go home*, je veux aller chez moi, je me propose, je désire, je tiens à aller chez moi; il faut que j'aille chez moi, je sens le besoin d'aller chez moi.

TO LIKE, AIMER A.

200. Il se combine, comme auxiliaire, avec l'infinitif complet, pour former un mode qui exprime un penchant. *I like to walk*, j'aime à me promener.

TO USE, AVOIR L'USAGE·

201. Ce verbe n'est aujourd'hui employé comme auxiliaire qu'au passé défini. Il se combine alors avec l'infinitif complet, pour former un mode qui exprime l'habitude. *I used to read*, j'avais l'habitude de lire.

Questionnaire.

198. [Quel est l'usage de *to go* comme auxiliaire?
Conjuguez *je vais avoir* (*I am go'ing to have*), j'allais lais-ser (*I was go'ing to let*).
199. Quel est le sens de *to want* comme auxiliaire?

Avec quoi le combine-t-on?
200. Quel est l'usage de *to like?*
Conjuguez *j'aime à avoir* (*I like to have*).
201. Comment emploie-t-on *to use?*
Conjuguez *j'avais l'habitude d'être* (*I used to be*).]

---

lettedst à la 2e personne du passé défini. Pour *let*, laisser, *didst let* est la forme la plus convenable.

DU VERBE RÉGULIER.

202. Il n'y a en anglais qu'une seule conjugaison régulière, dont les règles sont très-simples. Les voici :

1° Le participe présent se termine toujours en *ing*, Ex. *to play* jouer ; *play'ing*, jouant ;

2° Le participe passé et le passé défini ont toujours la terminaison *ed*. Ex. *play'ed*, joué ;

3° La première personne du singulier du présent de l'indicatif, et les trois personnes du pluriel, ont toujours la même forme que l'infinitif ;

4° La deuxième personne du singulier du présent, ainsi que du passé défini de l'indicatif, se termine toujours en *t*. Ex. *thou play'est*, tu joues ;

5° La troisième personne du singulier du présent de l'indicatif se termine toujours en *s*. Ex. *he plays*, il joue ;

6° Les temps composés se forment de même que dans les verbes *to have* et *to be*.

203. Toutes ces règles, la deuxième exceptée, s'appliquent également aux verbes irréguliers. L'irrégularité des verbes anglais ne consiste, en effet, que dans les terminaisons du passé-défini et du participe passé.

Comme le participe passé et l'infinitif sont invariables, la conjugaison des temps composés se réduit à celle des auxiliaires *to have* et *to be*.

Voici la conjugaison d'un verbe régulier dans toutes ses voix, dans tous ses modes et dans tous ses temps.

202. [Combien de conjugaisons régulières y a-t-il en anglais ?

Quelle est la terminaison du participe présent ?

Du participe passé ?

Du passé défini ?

Quelle est la forme de la première personne du singulier du présent de l'indicatif ?

Et des personnes du pluriel du présent ?

Comment se terminent toujours la deuxième personne du singulier du présent de l'indicatif, et celle du passé défini ?

Et la troisième personne du singulier du présent de l'indicatif ?

Comment fait-on les temps composés ?

203. Ces règles sont-elles toutes applicables aux verbes irréguliers ?

En quoi consiste l'irrégularité des verbes anglais ?

A quoi se réduit la conjugaison des temps composés ?]

204. VOIX ACTIVE.

INFINITIF. TO RAISE, *soulever.*

INFINITIF PASSÉ. *To have rais'ed,* avoir soulevé.
PARTICIPE PRÉSENT. *Rais'ing,* soulevant.
PARTICIPE PASSÉ. *Rais'ed,* soulevé.
PARTICIPE COMPOSÉ. *Hav'ing rais'ed,* ayant soulevé.

MODE INDICATIF.

PRÉSENT.

SING. *I raise,* je soulève.
Thou rais'est, tu soulèves.
He, she, it rais'es [1], il ou elle soulève.
PLUR. *We raise,* nous soulevons.
You raise, vous soulevez.
They raise. ils soulèvent.

PASSÉ DÉFINI.

SING. *I rais'ed,* je soulevai.
Thou rais'edst, tu soulevas.
He, she, it rais'ed, il souleva.
PLUR. *We rais'ed,* nous soulevâmes.
You rais'ed, vous soulevâtes.
They rais'ed, ils soulevèrent.

PASSÉ INDÉFINI.

SING. *I have rais'ed,* j'ai soulevé, etc.,
(voyez le présent de *have*, § 179).

PLUS-QUE-PARFAIT.

SING. *I had rais'ed,* j'avais ou j'eus soulevé, etc.
(voyez le passé défini de *have*, § 179).

FUTUR.

SING. *I shall raise,* je souleverai, etc.,
(voyez les futurs de *have* et de *be*, §§ 179, 187).

FUTUR ANTÉRIEUR.

SING. *I shall have rais'ed,* j'aurai soulevé, etc.
(voyez les futurs antér. de *have* et de *be*, §§ 179, 187).

---

[1] La forme ancienne de cette personne est *raiseth*, c'est-à-dire que l'on mettait *th* ou *eth* au lieu de *s* ou de *es*. Ainsi l'on disait *doth* pour *does*, *telleth* pour *tels*, etc. Cette forme est encore usitée dans le style religieux.

205. MODE IMPÉRATIF.

PRÉSENT.

SING. *Let me raise,* que je soulève,
Raise, soulève.
Let him, her, it raise, qu'il ou qu'elle soulève.
PLUR. *Let us raise,* soulevons.
Raise, soulevez.
Let them raise, qu'ils soulèvent.

FUTUR.

SING. *Thou shalt raise,* . tu souleveras.
He, she, it shall raise, il ou elle soulevera.
PLUR. *You shall raise,* vous souleverez.
They shall raise, ils souleveront.

206. MODE SUBJONCTIF.

PRÉSENT.

SING. *That I raise [1],* que je soulève.
That thou raise, que tu soulèves.
That he, she, it raise, qu'il ou qu'elle soulève.
PLUR. *That we raise,* que nous soulevions.
That you raise, que vous souleviez.
That they raise, qu'ils soulèvent.

PASSÉ INDÉFINI.

SING. *That I have raised,* que j'aie soulevé.
That thou have raised, que tu aies soulevé.
That he have raised, etc.

207. MODE CONDITIONNEL.

1er PRÉSENT, *indiquant une simple condition.* (§. 181.)

SING. *I should raise,* je souleverais.
Thou wouldst raise, tu souleverais, etc.

2e PRÉSENT, *indiquant le devoir.* (§. 177.)

SING. *I ought to raise,* Je devrais soulever.
Thou oughtst to raise, tu devrais soulever, etc.
LE MÊME avec *should* (voyez *have* au §. 181).

3e PRÉSENT, *indiquant le désir.* (§. 174.)

SING. *I would raise,* je voudrais soulever, etc.

---

[1] Voyez la note du § 179.

1er passé, *indiquant une simple condition.* (§ 181.)

Sing. *I should have raised,*   j'aurais soulevé.
      Thou wouldst have raised,   tu aurais soulevé, etc.

2e passé, *indiquant le devoir.*(§§ 170, 177.)

Sing. *I should have raised,*   j'aurais dû soulever.
      Thou shouldst have raised,   tu aurais dû soulever, etc.,
      ou bien :
Sing. *I ought to have raised,*   j'aurais dû soulever, etc.

3e passé, *indiquant le désir.* (§ 171.)

Sing. *I would have raised,*   j'aurais voulu soulever, etc·

208.   MODE POTENTIEL SIMPLE.
PRÉSENT. (§§ 173,175.)

Sing. *I may* ou *can raise,*   je puis soulever, etc.

PASSÉ. (§§ 173, 175.)

Sing. *I may* ou *can have raised,*   je puis avoir soulevé, etc.

POTENTIEL CONDITIONNEL.
PRÉSENT. (§§ 173, 175.)

Sing. *I might* ou *could raise,*   je pourrais soulever, etc.

PASSÉ. (§§ 173, 175.)

Sing. *I might* ou *could have raised,* j'aurais pu soulever, etc.,

209.   MODE EMPHATIQUE INDICATIF.
PRÉSENT.

Sing. *I do raise,*   je soulève (réellement).
      Thou dost raise,   tu soulèves (réellement).
      He, she, it does raise,   il ou elle soulève (réell.).
Plur. *We do raise,*   nous soulevons (réellem.).
      You do raise,   vous soulevez (réellement).
      They do raise,   ils soulèvent (réellement).

PASSÉ DÉFINI. (§ 193.)

Sing. *I did raise,*   je soulevai (réellement)
      Thou didst raise,   tu soulevas (réellem.), etc.

Dans les temps composés, au lieu de mettre *do* ou *did*, on appuie de la voix sur le premier auxiliaire, et dans l'imprimé on le met en italique. (§ 231 *.)

MODE EMPHATIQUE SUBJONCTIF.

PRÉSENT.

Sing.	*That I do raise,*	que je soulève (réellem.).
	That thou do raise,	que tu soulèves (réellem.).
	That he do raise,	qu'il soulève (réellement).
Plur.	*That we do raise,*	que nous soulevions (réel.).
	That you do raise,	que vous souleviez (réel.).
	That they do raise,	qu'il soulèvent (réellem.).

PASSÉ DEFINI.

Sing.	*That I did raise,*	que je soulevasse (réelle-
	(comme à l'indicatif).	ment). etc.,

Il n'y a pas de conditionnel ni de potentiel, puisque *do* ne peut se combiner avec les autres auxiliaires.

210. MODE NÉGATIF INDICATIF.

Infinitif.	*Not to raise,*	ne pas soulever.
Infinitif passé.	*Not to have raised,*	ne pas avoir soulevé.
Participe prés.	*Not raising,*	ne soulevant pas.
Participe passé.	*Not having raised,*	n'ayant pas soulevé.

PRÉSENT. (§ 193.)

Sing.	*I do not raise,*	je ne soulève pas.
	Thou dost not raise,	tu ne soulèves pas, etc.

PASSÉ DÉFINI. (§ 193.)

Sing.	*I did not raise,*	je ne soulevai pas.
	Thou didst not raise,	tu ne soulevas pas, etc.

Les autres temps ne recevant ni *do* ni *did*, l'adverbe de négation *not* se place immédiatement après le premier auxiliaire.

Passé indéfini.	*I have not raised,*	je n'ai pas soulevé.
Plus-que-parfait.	*I had not raised,*	je n'avais pas soulevé.
Futur.	*I shall not raise,*	je ne souleverai pas.
Futur antérieur.	*I shall not have raised,*	je n'aurai pas soulevé.

211. MODE NÉGATIF IMPÉRATIF.

PRÉSENT.

Sing.	*Let me not raise,*	que je ne soulève pas.
	Do not raise,	ne soulève pas.
	Let him, her, it not raise,	qu'il ou qu'elle ne soulève pas.

Plur.	Let us not raise,	ne soulevons pas.
	Do not raise,	ne soulevez pas.
	Let them not raise,	qu'ils ne soulèvent pas.

FUTUR.

Sing.	Thou shalt not raise,	tu ne souleveras pas.
	He, she, it shall not raise,	il ou elle ne soulevera pas.
Plur.	You shall not raise,	vous ne souleverez pas.
	They shall not raise,	ils ne souleveront pas.

212. MODE NÉGATIF SUBJONCTIF.

| Présent. | That I do not raise, | que je ne soulève pas. |
| Passé défini. | That I did not raise, | que je ne soulevasse pas |

Ces temps se conjuguent comme au subj. du § 209.

Les temps du conditionnel et du potentiel se font en mettant *not* immédiatement après le premier auxiliaire.

MODE INTERROGATIF INDICATIF.

213. Il n'y a point d'infinitifs ni de participes.

PRÉSENT. (§ 193.)

Sing.	Do I raise?	est-ce que je soulève ?
	Dost thou raise?	est-ce que tu soulèves ?
	Does he, she, it raise?	est-ce qu'il soulève ? etc.

PASSÉ DÉFINI. (§ 193.)

| Sing. | Did I raise? | est-ce que je soulevai? |
| | Didst thou raise? | est-ce que tu soulevas? etc. |

Comme les autres temps ne peuvent recevoir ni *do* ni *did,* on met le pronom immédiatement après le premier auxiliaire.

Passé indéfini.	Have I raised?	ai-je soulevé ?
Plus-que-parfait.	Had I raised?	avais-je soulevé?
Futur.	Shall I raise?	souleverai-je?
Futur antérieur.	Shall I have raised?	aurai-je soulevé?

Il n'y a pas de subjonctif. Les temps du conditionnel et du potentiel se font de même.

MODE INTERROGATIF ET NÉGATIF.

214. On le fait en mettant *not* immédiatement après le pronom.

Présent.	*Do I not raise?*	est-ce que je ne soulève pas?
Passé défini.	*Did I not raise?*	est-ce que je ne soulevai pas?
Passé indéfini.	*Have I not raised?*	n'ai-je pas soulevé?
Plus-que-parfait.	*Had I not raised?*	n'avais-je pas soulevé?

Questionnaire.

204. [Formez l'infinitif passé, et les participes de la voix active du verbe régulier *to raise.*
Conjuguez les temps simples de l'indicatif.
Les temps passés composés.
Les temps futurs.

205. Conjuguez le présent et le futur du mode impératif.

206. Conjuguez les temps simples du subjonctif.
Les temps passés composés.

207. Conjuguez le présent du mode conditionnel exprimant une simple condition.
Exprimant le devoir.
Le désir.
Conjuguez le passé exprimant une simple condition.
Le devoir.
Le désir.

208. Conjuguez le mode potentiel simple.
Le potentiel conditionnel.

209. Conjuguez le mode emphatique indicatif.
Le mode emphatique subjonctif.

210. Formez les infinitifs et les participes du mode négatif.
Conjuguez le présent et le passé défini de ce mode.
Les autres temps passés.
Les temps futurs.

211. Conjuguez le mode négatif impératif.
Le négatif subjonctif.
Comment fait-on les temps du conditionnel et du potentiel négatifs?

213. Conjuguez le présent et le passé défini du mode interrogatif.
Les autres temps passés.
Les futurs.
Ce mode a-t-il des infinitifs ou des participes?
A-t-il un subjonctif?

214. Conjuguez le présent et le passé défini du mode interrogatif et négatif.
Les autres temps passés.
Les futurs (*shall I not raise? shall I not have raised?*)]

215.   MODE ACTUEL INDICATIF.

[Ce mode est tellement important, que Chambers a cru devoir en faire la forme principale, ou au moins le mettre en tête de la conjugaison.]

Infinitif.	*To be raising,*	être occupé à soulever.
Infinitif passé.	*To have been raising,*	venir de soulever.
Participe comp.	*Having been raising,*	venant de soulever.

PRÉSENT.

Sing.	*I am raising,*	je soulève (actuellement).
	Thou art raising,	tu soulèves (actuellement).
	He, she, it is raising,	il ou elle soulève (actuell.).

Plur.	*We are raising,*	nous soulevons (actuell.).
	You are raising,	vous soulevez (actuell).
	They are raising,	ils soulèvent (actuellement)

IMPARFAIT [1].

Sing.	*I was raising,*	je soulevais.
	Thou wast raising,	tu soulevais.
	He was raising,	il soulevait.
Plur.	*We were raising,*	nous soulevions.
	You were raising,	vous souleviez.
	They were raising,	ils soulevaient.

PASSÉ INDÉFINI. (§ 193.)

| Sing. | *I have been raising,* | je viens de soulever. [2] |
| | *Thou hast been raising,* | tu viens de soulever, etc. |

Les autres temps se forment de la même manière.

Plus-que-parfait.	*I had been raising,*	je venais de soulever.
Futur.	*I shall be raising,*	je souleverai (au moment dont je parle).
Futur Passé.	*I shall have been raising,*	je viendrai de soulever.

L'IMPÉRATIF *manque.*

216. MODE ACTUEL SUBJONCTIF.

Présent.	*That I be raising,*	que je soulève (actuel.).
Imparfait.	*If I were raising,*	si je soulevais (actuel.).
Passé indéfini.	*That I have been raising,*	que je vienne de soulever (actuellement).

Tous ces temps se conjuguent comme le subjonctif de *be.* (Voyez le § 188.)

217. MODE ACTUEL CONDITIONNEL.

| 1er présent. | *I should be raising,* | je souleverais (actuel.). |
| | *Thou wouldst be raising,* | tu souleverais (actuellement), etc. |

---

[1] Ce temps est le véritable imparfait anglais. Il n'y a pas de passé défini dans ce mode.

[2] L'action du moment ne peut avoir évidemment au passé que ce sens-là.

2ᵉ PRÉSENT.	*I should be raising,*	je devrais être occupé à soulever.
	Thou shouldst be raising,	tu devrais être occupé à soulever, etc.,
	ou bien	
	I ought to be raising,	etc.
3ᵉ PRÉSENT.	*I would be raising,*	je voudrais m'occuper à soulever, etc.
1ᵉʳ PASSÉ.	*I should have been raising,*	je me serais occupé à soulever.
	Thou wouldst	etc.
2ᵉ PASSÉ.	*I should have been raising,*	j'aurais dû m'être occupé à soulever, etc.,
	Thou shouldst	etc.
	ou bien	
	I ought to have been raising, etc.	
3ᵉ PASSÉ	*I would have been raising,*	j'aurais voulu soulever (alors).

218. MODE ACTUEL POTENTIEL.

PRÉSENT.	*I may* ou *can be raising,*	je puis soulever (actuellement) etc.
PASSÉ.	*I may* ou *can have been raising,*	je puis avoir été occupé à soulever, etc.

POTENTIEL CONDITIONNEL.

PRÉSENT.	*I might* ou *could be raising,*	je pourrais soulever (actuellement), etc.
PASSÉ.	*I might* ou *could have been raising,*	je pourrais m'être occupé à soulever, etc.

MODE ACTUEL NÉGATIF.

219. Il se fait dans tous les temps en mettant *not* immédiatement après le premier verbe auxiliaire.

EXEMPLES :

PRÉSENT.	*I am not raising,*	je ne soulève pas (actuellement).
PASSÉ INDÉFINI.	*I have not been raising,*	je ne viens pas de soulever, etc.

MODE ACTUEL INTERROGATIF.

220. Il se forme dans tous les temps en mettant le sujet après le premier auxiliaire

EXEMPLES :

Présent.	*Am I raising ?*	est-ce que je soulève (actuellement)?
Futur.	*Shall I be raising ?*	est-ce que je souleverai (au moment dont je parle)?

MODE ACTUEL INTERROGATIF ET NÉGATIF.

221. Il se fait en mettant *not* immédiatement après le sujet qui est placé après le premier auxiliaire.

EXEMPLES :

Imparfait.	*Was I not raising?*	ne soulevai-je pas?
Plus-que-parf.	*Had I not been raising?*	ne venais-je pas de soulever?

Il n'y a pas de mode actuel *emphatique*. On appuie pour cela de la voix sur le premier auxiliaire.

Questionnaire.

215. Formez les infinitifs et le participe composé du mode actuel.
Conjuguez le présent.
L'imparfait.
Y a-t-il un parfait défini dans ce mode?
Conjuguez les autres temps passés.
Les futurs.
Y a-t-il un impératif?
216. Conjuguez le subjonctif.
217. Conjuguez le présent du mode actuel conditionnel exprimant une simple condition.
Le devoir.
Le désir.
Conjuguez le passé exprimant une condition.
Le devoir.
Le désir.
218. Conjuguez le mode actuel potentiel.
Le potentiel conditionnel.
219. Le mode actuel négatif.
220. Le mode actuel interrogatif.
221. Le mode actuel interrogatif et négatif.
Y a-t-il un mode actuel emphatique?]

222. MODE EXPRIMANT LA NÉCESSITÉ.

Sing.	*I must raise,*	il faut que je soulève.
	thou must raise,	il faut que tu soulèves.
	he, she, it, must raise	il faut qu'il soulève.

PLUR.   *we must raise*,   il faut que nous soulevions.
         you must raise,   il faut que vous souleviez.
         they must raise,   il faut qu'ils soulèvent.

Ce mode peut aussi se traduire par *il faudra*. Il n'a pas d'autres temps simples.

[Au lieu de *must*, on peut se servir du verbe composé *to be obliged*, être obligé, qui se conjugue et se construit dans tous ses temps comme *to be able* (§ 176 *).]

223. MODE EXPRIMANT LE DEVOIR.

PRÉSENT. (§§ 187, 192.)

SING.   *I am to raise*,   je dois soulever.
         thou art to raise,   tu dois soulever, etc.

IMPARFAIT. (§ 187.)

SING.   *I was to raise*,   je devais soulever.
         thou wast to raise,   tu devais soulever, etc.

Les autres temps de *to be* ne sont pas applicables à ce mode. Le négatif et l'interrogatif se font comme aux §§ 219, 220, 221, en mettant *to raise* au lieu de *raising*.

224. MODE EXPRIMANT L'OCCUPATION QUE L'ON A.

Ce mode se conjugue en combinant *to have* avec l'infinitif du verbe principal.

PRÉSENT.   *I have to raise*,   j'ai à soulever.
IMPARFAIT.
PASSÉ DÉFINI.   } *I had to raise*,   { j'avais } à soulever.
                                              { j'eus   }
PASSÉ INDÉFINI. *I have had to raise*,   j'ai eu à soulever.
PLUS-QUE-PARF. *I had had to raise*,   j'avais eu à soulever.
FUTUR.   *I shall have to raise*,   j'aurai à soulever.
FUTUR PASSÉ.   *I shall have had to raise*, j'aurai eu à soulever.

L'IMPÉRATIF manque.

Le *subjonctif*, le *conditionnel*, le *potentiel*, le *négatif*, l'*interrogatif* se forment avec ces modes de *have*, suivis de l'infinitif *to raise*. Voyez les §§ 101 à 106.

225. MODE INDIQUANT LE COMMENCEMENT D'UNE ACTION.

INFINITIF.   *To be go'ing to raise*,   être en train de soulever.

INFINITIF PASSÉ. *To have been going to* avoir été en train de sou-
          raise,   lever.
PART. COMP.   *Having been going to* ayant été en train de
          raise,   soulever.

INDICATIF.

PRÉSENT.   *I am going to raise,*   je vais soulever.
IMPARFAIT. *I was going to raise,*   j'allais soulever.
FUTUR.   *I shall be going to raise,* j'irai soulever.

Les autres temps et l'impératif manquent.

On fait cependant le *subjonctif*, le *conditionnel*, le *potentiel*, le *négatif*, etc., avec ces modes du verbe *to be*, suivis de *going to raise*. (Voyez les §§ 188 à 192.)

Dans un style quelque peu au-dessus du style familier, on préfère l'adverbe *abōŭt'* au participe *going* :

PRÉSENT.   *I am abōŭt' to raise,*   je vais soulever.
IMPARFAIT. *I was abōŭt' to raise,*   j'allais soulever, etc.

226. MODE INDIQUANT LE BESOIN.

INDICATIF.

PRÉSENT.   *I want to raise,*   j'ai besoin de soulever, *ou* je me propose de soulever.

IMPARFAIT.
PASSÉ DÉFINI.   *I wanted to raise,*   j'avais, j'eus besoin, *ou* je me proposais de soulever.

FUTUR.   *I shall want o raise,*   j'aurai besoin, *ou* je me proposerai de soulever, etc.

To want se conjugue comme *to raise.*
L'impératif manque.

MODE INDIQUANT LE PENCHANT (§ 200).

227. Ce mode se forme avec le verbe *to like,* qui se conjugue comme *to raise.* Les temps passés, excepté dans le passé défini, ne sont pas usités.
L'impératif manque.

EXEMPLES :

PRÉSENT.   *I like to raise,*   j'aime à soulever.
PASSÉ DÉFINI. *I liked to raise,*   j'aimais à soulever.
CONDIT. PRÉS. *I should like to raise,* j'aimerais à soulever.

228.   MODE INDIQUANT L'HABITUDE.

PASSÉ DÉFINI.

Sing.   *I used to raise,*   j'avais l'habitude de sou-
                                               lever.

         Thou usedst to raise,   tu avais l'habitude de
                                               soulever.

         He used to raise,   il avait l'habitude de sou-
                                               lever.

Plur.   *We used to raise,*   nous avions l'habitude
                                               de soulever.

         You used to raise,   vous aviez l'habitude de
                                               soulever.

         They used to raise,   ils avaient l'habitude de
                                               soulever.

[Il résulte de l'ensemble des conjugaisons que nous venons de développer, que les verbes *to have* et *to be* n'ont pas de mode actuel proprement dit ; quoiqu'il y ait des combinaisons où les participes présents de ces verbes se trouvent unis à *I am, I have,* etc. Cela arrive surtout lorsque ces verbes ne sont pas employés dans leur sens propre. *To have,* par exemple, remplace souvent le verbe *to get* dans le style familier.

Exemple : *I am having it done,* je suis en train de le faire faire, au lieu de : *I am get'ting it done.*

On peut aussi dire : *I am being,* lorsque *being* appartient à un verbe passif. On en verra plus loin des exemples.

Les verbes défectifs, n'ayant pas de participes, n'ont pas de mode actuel.

To want et *to like* n'en ont pas non plus. On peut dire *I am wanting,* mais seulement dans le sens de *il me manque.* Alors il faut le faire suivre de *in,* en. Ex. : *I am want'ing* in *courage,* je manque de courage.

Quant à *I am liking,* le sens même du verbe ne s'y prête pas, car avoir un penchant pour une chose est déjà un état actuel qui n'a pas besoin d'une forme grammaticale spéciale. Il en est de même de tous les autres verbes qui expriment un penchant, comme *to hate,* haïr, *to abhor',* avoir en horreur, *to co'vet,* désirer ardemment, etc.]

Questionnaire.

222. [A l'aide de quel auxiliaire fait-on le mode qui exprime la nécessité ? Combien de temps a-t-il ?

223. Comment fait-on le mode qui exprime le devoir ? Combien de temps a-t-il ?

Conjuguez le présent et l'imparfait.

Faites le présent négatif (*I am
not to raise*).

L'imparfait interrogatif (*was I
to raise?*).

224. Comment fait-on le mode qui
exprime l'occupation que
l'on a ?

Conjuguez le présent.

Le passé indéfini.

A t-il un impératif ?

Comment fait-on le subjonctif, le conditionnel, le potentiel, le négatif, l'interrogatif ?

225. Comment fait-on le mode indiquant le commencement
d'une action ?

Faites-en les infinitifs et le
participe composé.

Le présent — l'imparfait —
le futur.

A-t-il d'autres temps?

A-t-il un impératif ?

Peut-on faire le subjonctif,
le conditionnel, le potentiel, etc.?

Comment forme-t-on ce mode
dans un style quelque peu
élevé ?

226. Comment fait-on le mode indiquant le besoin ?

Conjuguez le présent — l'imparfait ou le passé défini —
le futur.

Y a-t-il un impératif ?

Comment conjugue-t-on les
autres temps de *to want?*

227. Comment forme-t-on le mode
indiquant le penchant?

A-t-il un impératif ?

A-t-il d'autres temps passés
que le passé défini ?

Conjuguez le présent.

228. Comment fait-on le mode indiquant l'habitude ?

Combien de temps a-t-il ?]

VOIX PASSIVE.

229. Cette voix se fait comme en français, en combinant tous les temps et modes du verbe *to be* avec le participe passé du verbe principal. (§ 187.)

INFINITIF.	*To be raised,*	être soulevé.
INFINIT. PASSÉ.	*To have been raised,*	avoir été soulevé.
PART. PRÉSENT.	*Being raised,*	étant soulevé.
PART. PASSÉ.	*Been raised,*	été soulevé.
PART. COMP.	*Having been raised,*	ayant été soulevé.

INDICATIF.

PRÉSENT.	*I am raised,*	je suis soulevé.
PASSÉ DÉFINI.	*I was raised,*	je fus soulevé.
PASSÉ INDÉFINI.	*I have been raised,*	j'ai été soulevé.
PLUS-QUE-PARF.	*I had been raised,*	j'avais été soulevé.
FUTUR.	*I shall be raised,*	je serai soulevé.
FUTUR PASSÉ.	*I shall have been raised,*	j'aurai été soulevé.

IMPÉRATIF.
PRÉSENT.

SING.	*Let me be raised,*	que je sois soulevé.
	Be raised,	sois soulevé.

Let him, her, it be raised, etc.	qu'il *ou* qu'elle soit sou levé, soulevée, etc.

FUTUR.

Sing. *Thou shalt be raised,*   tu seras soulevé, etc.

Le *subjonctif*, le *potentiel*, le *conditionnel* se formen absolument de la même manière, ainsi que le *négatif*, l'in terrogatif, etc., dont voici quelques exemples :

Infinit. prés	*Not to be raised,*	ne pas être soulevé.
Présent.	*I am not raised,*	je ne suis pas soulevé.
Futur.	*Shall I not be raised?*	ne serai-je pas soulevé
2e Prés.condit.	*Ought I to be raised ?*	devrais-je être soulevé etc., etc.

230. Le mode *emphatique* ne se fait pas avec *do*, mai seulement en appuyant de la voix sur le verbe *être*.

Le mode actuel, qui n'existe pas pour le verbe *to be*, lieu au passif en combinant le participe présent *being raised* avec les temps simples de *to be*. Il n'a donc que l présent et le passé de l'indicatif.

INDICATIF.

Présent.	*I am being raised,*	on me soulève (actuell.)
Imparfait. Passé défini.	*I was being raised,*	on me soulevait, on me souleva (alors).

Le *négatif*, l'*interrogatif*, etc. de ce mode se fon comme toujours.

Am I not being raised?	est-ce qu'on ne me soulève pas? (actuellement.)
Was I being raised?	est-ce qu'on me soulevait (alors)?

231. Le mode qui exprime la nécessité se fait avec *must*. (§ **222**.)

    I must be raised,   il faut que je sois soulevé, etc.

Le mode exprimant le devoir (§ **223**) se fait en combinant l'infinitif passif avec *to be*.

    I am to be raised,   je dois être soulevé, etc.

On fait de même le mode exprimant l'occupation (§ **224**) en combinant *to be raised* avec *have*.

    I have to be raised, etc.

Les autres modes indiqués aux §§ 225, 226, 227 et 228
se font de même.

EXEMPLES :

I am going to be raised,	je vais être soulevé.
I want to be raised,	j'ai besoin ou je me propose d'être soulevé.
I like to be raised,	j'aime à être soulevé.
I used to be raised,	on me soulevait habituellement.

[Nous avons vu, dans les conjugaisons précédentes, que le verbe *to do,* qui joue un si grand rôle dans la langue, surtout pour indiquer l'emphase, n'est applicable comme auxiliaire qu'au présent et au passé défini. Il faut donc que pour les autres temps il y ait un moyen non moins énergique de remplacer ce verbe; et c'est ce qui se fait par l'*intonation.* L'anglais fait jouer la voix beaucoup plus que les autres nations; à tel point qu'il a fallu introduire dans la typographie l'usage d'exprimer les inflexions vocales importantes de ce genre par des lettres italiques (§. 209). Cette *intonation emphatique* est cause aussi que la langue anglaise peut se permettre des ellipses beaucoup plus hardies que les autres langues. Mais d'un autre côté il y a plus de difficulté pour l'étranger à apprendre à bien lire. C'est pourquoi nous croyons utile de donner ici quelques exemples du mode emphatique exprimé par la voix seulement. Le mot imprimé en italique est celui qui reçoit l'intonation principale.

EXEMPLES DE DEMANDES ET RÉPONSES :

DEM.	*Have* you spo'ken?	As-tu parlé, oui ou non?
	Have you *spoken?*	As-tu parlé (ou écrit)?
RÉP.	I *have.*	Oui, j'ai parlé.
	I have *not.*	Non, je n'ai pas parlé.
DEM.	Will *no'body* go to him?	Comment? personne ne veut aller le trouver?
	Will no'body *go* to him?	Est-ce que personne ne veut aller le trouver? (c'est-à-dire : on lui écrirait volontiers, mais on ne veut pas aller en personne.)
RÉP.	*Shall* I?	Dois-je le faire, oui ou non?
	Shall *I?*	Est-ce moi qui dois le faire?]

Questionnaire.

229. [Comment fait-on la voix passive? Formez les infinitifs et les participes de la voix passive du verbe *to raise.* Conjuguez le présent — le

passé défini — le passé indéfini — le plus-que-parfait
— le futur — le futur passé.
Conjuguez le présent et le futur de l'impératif.
Comment fait-on le subjonctif, le potentiel, le conditionnel, le négatif, l'interrogatif?
Conjuguez, par exemple, le
présent du subjonctif — le
passé défini du négatif —
le futur de l'interrogatif —
le mode potentiel, etc.

230. Comment fait-on le mode emphatique?
Et le mode actuel?
Ce dernier, combien de temps
a-t-il?
Faites-en le négatif et l'interrogatif.

231. Conjuguez le mode exprimant
la nécessité — le devoir —
l'occupation — le commen-
cement d'une action — le
besoin — le penchant —
l'habitude.]

VOIX RÉFLÉCHIE OU PRONOMINALE.

232. Cette voix se fait en combinant tous les temps de la forme active avec les pronoms réfléchis (§ 210), en les accordant avec la personne et avec le genre du sujet.

INFINIT. PRÉS.	*To raise one's self,*	s'élever.
INFINIT. PASSÉ.	*To have raised one's self.*	s'être élevé.
PART. PRÉSENT.	*Raising one's self,*	s'élevant.
PART. PASSÉ.	(Le participe *raised* se combine avec tous les pronoms réfléchis, mais seulement lorsqu'il y a des auxiliaires.)	
PART. COMP.	*having raised one's self,*	s'étant élevé.

233. Le participe présent et le participe composé se combinent avec tous les pronoms réfléchis qui s'accordent avec le sujet en genre, en nombre et en cas. *One's self* n'est employé que lorsque le sujet est indéterminé.

Voici le participe présent combiné avec tous les pronoms réfléchis :

SING.	*Raising myself,*	en m'élevant.
	Raising thyself,	en t'élevant.
	Raising himself,	en s'élevant (*lui*).
	Raising herself,	en s'élevant (*elle*).
	Raising itself,	en s'élevant (*neutre,*
PLUR.	*Raising ourselves,*	en nous élevant.
	Raising yourselves, *yourself* (§. 130.),	} en vous élevant.
	Raising themselves,	en s'élevant (*eux*).

Il en est de même du participe composé.

234. En français, on combine le verbe réfléchi avec *être;* en anglais, au contraire, le verbe *to have* forme toujours les temps passés. Le pronom réfléchi se met toujours *après* le verbe principal.

CONJUGAISON RÉFLÉCHIE DE QUELQUES TEMPS DE L'INDICATIF.

PRÉSENT.

SING.	*I raise myself,*	je m'élève.
	Thou raisest thyself,	tu t'élèves.
	He raises himself,	il s'élève.
	She raises herself,	elle s'élève.
	It raises itself,	il (*neutre*) s'élève.
PLUR.	*We raise ourselves,*	nous nous élevons.
	You raise yourselves,	vous vous élevez.
	They raise themselves,	ils, elles s'élèvent.

PASSÉ DÉFINI.

SING.	*I raised myself,*	je m'élevai.
	Thou raisedst thyself,	tu t'élevas.
	He raised himself,	il s'éleva.
	She raised herself,	elle s'éleva.
	It raised itself,	il (cela) s'éleva.
PLUR.	*We raised ourselves,*	nous nous élevâmes.
	You raised yourselves,	vous vous élevâtes,
	They raised themselves,	ils, elles s'élevèrent.

PASSÉ INDÉFINI.

SING.	*I have raised myself,*	je me suis élevé.
	Thou hast raised thyself,	tu t'es élevé.

Etc., comme les précédents.

Tous les autres temps et modes se forment suivant les mêmes règles.

Questionnaire.

VOIX IMPERSONNELLE.

235. Cette voix a lieu pour les choses qui ne dépendent d'aucune personne. *Il neige, il arrive*, etc., sont des verbes de cette nature. Le pronom *il*, dont on se sert en français pour cette voix, se traduit en anglais par le neutre *it*.

EXEMPLES :

Infinit. prés.	*To rain,*	pleuvoir.
Infinit. passé.	*To have rained,*	avoir plu.
Part. prés.	*Raining,*	pleuvant.
Part. passé.	*Rained,*	plu.
Part. comp.	*Having rained,*	comme il a *ou* avait plu.

INDICATIF.

Présent.	*It rains,*	il pleut.
Passé défini.	*It rained,*	il plut.
Passé indéf.	*It has rained,*	il a plu.
Plus-que-parf.	*It had rained,*	il avait plu.
Futur.	*It will rain,*	il pleuvra.
Futur passé.	*It will have rained,*	il aura plu.

Le *subjonctif*, le *conditionnel* et le *potentiel* ne présentent pas de difficulté. Voici le mode *actuel* :

Présent.	*It is raining,*	il pleut (actuellement).
Imparfait.	*It was raining,*	il pleuvait.
Passé indéfini.	*It has been raining,*	il a plu (il y a peu).
Futur.	*It will be raining,*	il pleuvra (alors).

Les modes *négatif, interrogatif*, etc., se forment ainsi :

Is it raining? ⎫
Does it rain? ⎬ pleut-il ?   *It is not raining* ⎫ il ne pleut
           It does not rain ⎬   pas.

236. Il y a aussi une forme impersonnelle *passive*, qui se traduit en français par *on*.

EXEMPLES :

It is believed,	on croit.	*It has been believed,*	on a cru.
It was believed,	on croyait.	*It will be believed,*	on croira, etc.

Questionnaire.

235. [Quand la voix impersonnelle a-t-elle lieu ?

Comment traduit-on en anglais le pronom *il*, dont on se sert en français pour cette voix ?

Conjuguez l'indicatif du verbe impersonnel *to raise* — le potentiel — le mode actuel.

236. Citez un exemple de la forme impersonnelle passive.

Comment la traduit-on en français ?]

DES VERBES IRRÉGULIERS.

237. Les verbes *irréguliers* sont ceux qui ne forment pas leur passé défini et leur participe passé en *ed*.

Il y en a trois classes, savoir :

1° Ceux qui n'ont qu'une seule forme pour le présent, le passé défini et le participe passé. Ils se conjuguent comme *to let* (§ 196) ;

2° Ceux qui ont une forme pour le présent, et une autre forme commune au passé défini et au participe passé ;

3° Ceux qui ont des formes différentes pour le présent, le passé défini, et pour le participe passé.

L'infinitif a toujours la même forme que le présent.

238.   *Liste des verbes irréguliers.*

1re CLASSE.

(Même forme pour le Présent, le Passé et le Participe passé.)

Bēat,	battre.	*Rid,*	débarrasser.
Burst,	éclater.	*Set,*	poser.
Cast,	lancer.	*Shed,*	répandre.
Cost,	coûter.	*Shred,*	hacher.
Cut,	couper.	*Shut,*	fermer.
Hit,	frapper.	*Slit,*	fendre.
Hurt,	blesser.	*Spit,*	cracher.
Knit,	tricoter.	*Split,*	fendre.
Let,	laisser.	*Sprĕad,*	étendre
Put,	mettre.	*Thrust,*	pousser.

239.   2me CLASSE.

(Même forme pour le Passé et pour le Participe passé.)

PRÉSENT.		PASSÉ DÉFINI ET PART. PASSÉ.	PRÉSENT.		PASSÉ DÉFINI ET PART. PASSÉ.
abide',	demeurer,	*abode'.*	*build,*	bâtir,	*built.*
bĕhold',	apercevoir,	*bĕheld'.*	*buȳ,*	acheter,	*bought.*
bend,	plier,	*bent.*	*catch,*	attraper,	*caught.*
bĕrēave'	priver,	*bĕreft'.*	*chide,*	gronder,	*chid.*
bĕseech,	supplier,	*besought.*	*clēave,*	fendre,	*cleft.*
bīnd,	lier,	*bōŭnd.*	*cling,*	s'accrocher,	*clung.*
bitter,	mordre,	*bit.*	*creep,*	ramper,	*crept.*
bleed,	saigner,	*bled.*	*dēal,*	trafiquer,	*dealt.*
breed,	produire,	*bred.*	*dig,*	bêcher,	*dug.*
bring,	apporter,	*brought.*	*drēam,*	rêver,	*drĕamt.*

PRÉSENT.		PASSÉ DÉFINI ET PART. PASSÉ.	PRÉSENT.		PASSÉ DÉFINI ET PART. PASSÉ.
dwell,	demeurer,	*dwelt.*	*shoe,*	ferrer (un cheval),	*shod.*
feed,	nourrir,	*fed.*	*shoot,*	tirer (avec un fusil),	*shot.*
feel,	sentir par le toucher,	*felt.*	*shrink,*	se rétrécir,	*shrunk.*
fight,	combattre,	*fought.*	*sit,*	être assis,	*sat.*
find,	trouver,	*fŏŭnd.*	*sleep,*	dormir,	*slept.*
flee,	fuir,	*fled.*	*slide,*	glisser,	*slid.*
fling,	lancer,	*flung.*	*sling,*	lancer avec une fronde,	*slung.*
get,	obtenir,	*got.*	*slink,*	se dérober,	*slunk.*
gild,	dorer,	*gilt.*	*speed,*	se hâter,	*sped.*
gird,	ceindre,	*girt.*	*spend,*	dépenser,	*spent.*
grind,	moudre,	*grŏŭnd.*	*spill,*	répandre,	*spilt.*
hang,	suspendre,	*hung.*	*spin,*	filer,	*spun.*
hear,	écouter,	*hëard.*	*spring,*	sauter,	*sprung.*
hide,	cacher,	*hid.*	*stand,*	être debout,	*stood.*
hold,	tenir,	*held.*	*stay,*	rester,	*staid.*
keep,	garder,	*kept.*	*stick,*	s'attacher,	*stuck.*
kneel,	s'agenouiller,	*knelt.*	*sting,*	piquer,	*stung.*
lay,	placer,	*laid.*	*strike,*	frapper,	*struck.*
lead,	conduire,	*led.*	*string,*	enfiler,	*strung.*
leave,	quitter,	*left.*	*sweep,*	balayer,	*swept.*
lend,	prêter,	*lent.*	*swing,*	balancer,	*swung.*
lose,	perdre,	*lost.*	*tēach,*	enseigner,	*taught.*
make,	confectionner,	*made.*	*tell,*	dire (à quelqu'un),	*told.*
mēan,	signifier,	*mëant.*	*think,*	penser,	*though*
meet,	rencontrer,	*met.*	*trëad,*	fouler aux pieds,	*trod.*
pay,	payer,	*paid.*	*weep,*	pleurer,	*wept.*
pen,	renfermer,	*pent.*	*win,*	gagner,	*won.*
rëad,	lire,	*rëad.*	*wind,*	tourner,	*wŏŭnd.*
rend,	déchirer,	*rent.*	*wring,*	tordre,	*wrung.*
say,	dire,	*said.*			
seek,	chercher,	*sought.*			
sell,	vendre,	*sold.*			
send,	envoyer,	*sent.*			
shine,	luire,	*shone.*			

240.

3ᵐᵉ CLASSE.
(Trois formes différentes.)

PRÉSENT.		PASSÉ DÉFINI.	PART. PASSÉ.
awake',	s'éveiller,	*awoke',*	*awak'ed.*
bēar,	supporter,	*bore,*	*borne.*
bëgin',	commencer,	*bëgan',*	*bëgun.*
bid,	ordonner,	*bade,*	*bid.*

PRÉSENT.		PASSÉ DÉFINI.	PART. PASSÉ.
blow,	souffler,	*blew,*	*blown.*
breāk,	briser,	*broke,*	*bro'ken.*
choose,	choisir,	*chose,*	*cho'sen.*
clōthe,	habiller,	*clad,*	*clōth'ed.*
cöme,	venir,	*came,*	*cöme.*
darε,	oser,	*durst,*	*dar'ed.*
draw,	tirer,	*drew,*	*drawn.*
drive,	chasser,	*drove,*	*drĭ'ven.*
drink,	boire,	*drank,*	*drunk.*
ēat,	manger,	*ate,*	*ëat'en.*
fäll,	tomber,	*fell,*	*fäll'len.*
flȳ,	voler dans l'air.	*flew,*	*flown.*
försake',	abandonner,	*försook',*	*försak'en.*
freeze,	geler,	*froze,*	*froz'en.*
give,	donner,	*gave,*	*gĭ'ven.*
go,	aller,	*went,*	*gone.*
grow,	croître,	*grew,*	*grown.*
hew,	abattre,	*hew'ed,*	*hewn.*
know,	savoir,	*knew,*	*known.*
lade,	charger,	*lad'ed,*	*la'den.*
lie,	être couché,	*lay,*	*lain.*
ride,	aller à cheval,	*rode,*	*rid'den.*
ring,	sonner,	*rang,*	*rung.*
rise,	se lever,	*rose,*	*rĭs'en.*
rive,	fendre,	*riv'ed,*	*rĭv'en.*
run,	courir,	*ran,*	*run.*
shake,	secouer,	*shook,*	*shak'en.*
show,	montrer,	*show'ed,*	*shown.*
sing,	chanter,	*sang,*	*sung.*
sink,	s'enfoncer,	*sank,*	*sunk.*
slay,	tuer,	*slew,*	*slain.*
smite,	frapper,	*smote,*	*smit'ten.*
sow,	semer,	*sow'ed,*	*sown.*
spēak,	parler,	*spoke,*	*spok'en.*
stēal,	commettre un vol,	*stole,*	*stol'en.*
stride,	enjamber,	*strode,*	*strid'den.*
strive,	s'efforcer,	*strove,*	*strĭv'en.*
sweār,	jurer,	*swore,*	*swōrn.*
swell,	enfler,	*swel'led,*	*swōl'len.*
swim,	nager,	*swam,*	*swum.*
take,	prendre,	*took,*	*tak'en.*
teār,	déchirer,	*tore,*	*torn.*
thrive,	prospérer,	*throve,*	*thrĭv'en.*
throw,	*eter,	*threw,*	*thrōwn.*

weār,	porter (des habits),	*wore,*	*wōrn.*
wēave,	tisser,	*wove,*	*wōv'en.*
write,	écrire,	*wrote,*	*wril'len.*

Questionnaire.

237. [Quels sont en anglais les verbes que l'on regarde comme irréguliers ?

Combien y a-t-il de classes de verbes irréguliers ?

238. Dites les verbes de la première classe, savoir : battre — éclater — lancer, etc.

239. Ceux de la deuxième classe, savoir : demeurer — apercevoir — plier, etc.

240. Ceux de la troisième classe, savoir : s'éveiller — supporter — commencer, etc.]

DE L'ADVERBE.

241. L'adverbe est un mot que l'on joint au verbe, à l'adjectif, ou à un autre adverbe, pour en modifier la signification.

On distingue plusieurs sortes d'adverbes :

1° Adverbes de *manière*, tels que :

īhus,	ainsi.	*well,*	bien.
so,	tellement.	*ill,*	mal.
hōw,	comment.		

242. La plupart des adverbes de manière se forment en ajoutant le suffixe *lÿ* aux adjectifs;

2° Adverbes qui marquent le *rang*, comme :

first, d'abord;   *af'terwards,* après;   *last'ly,* enfin.

3° Adverbes qui marquent le *lieu :*

whĕre,	où.	*ĕ'very whĕre',*	partout.
here,	ici.	*far,*	loin.
ihĕre,	là, y.	*a'nywhĕre,*	en quelque lieu que ce soit.

[*There* et *where* forment des adverbes composés, en les unissant à certaines prépositions. Ceux composés avec *where*, ont un sens relatif.

EXEMPLES :

thereto',	y, ajouté à,	*whereto',*	à quoi.
thereby',	par là.	*whereby',*	moyennant quoi.
therein',	y, dedans.	*wherein',*	dans lequel.
therewith',	y, avec cela.	*wherewith',*	avec quoi.
therefrom',	de là.	*wherefrom',*	d'où, dont.
thereof',	de cela, en.	*whereof',*	dont.

Whereas' veut dire *attendu que*.

Thi'ther, synonyme de *there*, indique plus spécialement le mouvement vers un endroit éloigné.

EXEMPLE : *He went thither*, il alla là, il y alla.

Whi'ther, synonyme de *where*, indique aussi spécialement le mouvement vers un endroit éloigné.

EXEMPLE : *Whi'ther shall I go ?* où irai-je ?

Hither, synonyme de *here*, indique au contraire le mouvemen vers l'endroit où est celui qui parle.

EXEMPLE : *Come hi'ther*, viens ici.

Il y a d'autres adverbes encore composés avec *here*, comme *here'tofore*, jusqu'ici, par le passé; *herein'before'*, ci-dessus, etc. *Here* se prête d'ailleurs aux mêmes combinaisons que *there*; on dit *herein*, dans ceci; *hereby*, par ce moyen, etc.]

4° Adverbes de *temps* :

yes'terday', hier. — *soon*, bientôt.
to-day', aujourd'hui. — *of'ten* (prononc. *off'n*), souvent.
the day before' yes'terday', avant-hier. — *some'times*, quelquefois.
to-mor'row, demain. — *al'ways*, toujours.
the day af'ter to-mor'row, après-demain. — *nev'er*, jamais.
for'merly, autrefois. — *now*, maintenant.
then, alors.
when, quand.

a month / *an hour* } *ago'*, il y a { un mois. / une heure.

5° Adverbes de *quantité* :

ve'ry, très. — *quite*, tout-à-fait.
enough', assez (prononc. *ineuff*). — *but*, / *on'ly*, } seulement.
too, trop.
al'most, presque.

6° Adverbes d'*affirmation* ou de *négation* :

yes, oui. — *not*, ne — pas.
indeed', vraiment. — *by no means*, / *not at all*, } pas du tout.
wil'lingly, volontiers.
no, non.

7° Adverbes de *comparaison* :

so, si ; *as*, aussi ; *as much*, autant.

[N'oublions pas de parler de *but*, adverbe que nous retrouverons aussi parmi les conjonctions, et dont l'usage est aussi varié qu'il est fréquent.

But a, comme adverbe : 1o le sens de *seulement*.

EXEMPLE :

Thou hast but the name of vir'tue in thy mouth.
Tu n'as que (tu as *seulement*) le nom de la vertu dans ta bouche.

2o Le sens de *excepté.*

EXEMPLES :

I will trust the mö'ney with no one but himself'.
Je ne veux confier l'argent à personne qu'à (*excepté* à) lui seul.
He was all but dead.

(Mot à mot : il était tout excepté mort.) Il était presque mort.
Voyez encore pour *but* les §§ 253 et 322."]

243. Certains adjectifs sont quelquefois employés
comme adverbes ; on dit *he struck hard*, il frappa *fort*, au
lieu de *hard'ly*, qui voudrait dire *à peine*.

244. On appelle *locution adverbiale* une réunion de
mots faisant fonction d'adverbe; ainsi :

At six o'clock, à six heures.
At half past five, à cinq heures et demie.
At a quar'ter past five, à cinq heures et un quart.
At three quár'ters past two, à deux heures et trois quarts.
At twe'nty min'utes past three, à trois heures et vingt minutes.
At noon, à midi.—*At mid'night*, à minuit.
At no dis'tant pe'riod, à une époque prochaine.
By chance, par hasard.

245. Les jours de la semaine :

Sun'day,	dimanche.		*Thurs'day*,	jeudi.
Mon'day,	lundi.		*Fri'day*,	vendredi.
Tūes'day,	mardi.		*Sà'turday*,	samedi.
Wed'nesday,	mercredi.			

sont des adverbes de même espèce, lorsqu'ils sont précédés
de la préposition *on*, sur. *I shall go* ON *Monday*, j'irai lundi.
ON *Sundays*, tous les dimanches.

246. Il en est de même des noms des mois, précédés
de *in*, en.

Jä'nüäry,	janvier.		*Julÿ'*,	juillet.
Fe'brüäry,	février.		*Au'gust*,	août.
March,	mars.		*Septem'ber*,	septembre.
A'pril,	avril.		*Octo'ber*,	octobre.
May,	mai.		*Novem'ber*,	novembre.
June,	juin.		*Dĕcem'ber*,	décembre.

Exemple : *In May*, au mois de mai.

Mais si l'on précise le jour, on dit *on*. Ex. *On the tenth of May*, le dix mai.

247. Les jours de la semaine et les noms des mois ont toujours la lettre initiale majuscule.

Il en est de même des jours de fête, que l'on fait précéder de *at*, à.

at *Easter*, à Pâques;   at *Christmas*, à Noël.
Wat hit'suntide, à la Pentecôte.

Questionnaire.

241. [Qu'est-ce qu'un adverbe?
Dites quelques adverbes de manière.

242. Au moyen de quel suffixe fait-on ordinairement les adverbes de manière?
Dites quelques adverbes de rang — de lieu — de temps — de quantité — d'affirmation ou de négation — de comparaison.

243. Des adjectifs sont-ils quelquefois employés comme adverbes?
Citez un exemple.

244. Qu'est-ce qu'une locution adverbiale?
Citez-en.
Comment dirait-on : à quatre heures et trois quarts (*at three quarters past four*)?

245. Dites les jours de la semaine.
Quand font-ils une locution adverbiale?

246. Dites les noms des mois.
Quand font-ils une locution adverbiale?

247. Comment écrit-on les jours de la semaine et les mois?
Et les jours de fête?
De quoi sont-ils précédés?]

DE LA PRÉPOSITION.

248. La préposition est un mot qui, placé devant un nom, un pronom, ou un verbe, sert à le joindre au mot qui le précède, pour compléter le sens de ce mot :

Dans l'origine, les prépositions marquaient un rapport de lieu ; mais il y en a maintenant beaucoup que l'on emploie au figuré. Elles marquent par conséquent différents rapports :

1° De *lieu*, de *but*, d'*origine*.

At, à (indiquant une permanence).
Exemple : *He is at home*, il est à la maison, chez lui.
To, à (indiquant un mouvement vers une chose).

Exemple : *He is go'ing* to *Pä'ris*, il va *a* Paris.
From, de (indiquant un mouvement d'éloignement).
Exemple : *He has come* from *Löu'don*, il est venu *de* Londres.
Of, de (indiquant une origine).
Exemple : *He is* of *Vien'na*, il est (natif) *de* Vienne.
In, dans (permanence).
Exemple : *He is* in *the room*, il *est* dans la chambre.
In'to, dans (mouvement).
Exemple : *he went* into *the room*, il *alla* dans la chambre.
On, sur (permanence).
Exemple : *He is* on *the töw'er*, il est sur la tour.
Upon', sur (mouvement).
Exemple : *He placed it* upon *the tä'ble*, il le plaça sur la table.

Over, *Abö've*, } au-dessus de.		*Amöng'*, parmi.
		To'wards, vers.
Un'der, *Bëlow'*, } au-dessous de.		*For*, pour.

2° Rapports d'*ordre*, de *rang*, d'*étendue*, de *temps*.

bëfore',	avant.	*since*,	depuis.
af'ter,	après.	*bëtween'*,	entre.
bëhīnd',	derrière.	*du'ring*,	pendant.

3° Rapports d'*union*, de *convenance*, d'*exception*, de *séparation*.

with,	avec.	*bësi'des*,	autre.
accor'ding to,	suivant.	*except'*,	hormis.
without',	sans.		

4° Rapports d'*opposition*.

    against', contre ;   *notwithstand'ing*, malgré.

5° Rapports de *cause*, de *moyen*.

bȳ, par ; *on accöunt' of*, attendu ; *by mëans of*, moyennant.

Ces dernières prépositions sont de celles que l'on appelle *locutions prépositives*.

249. Quelques prépositions peuvent s'employer comme adverbes et réciproquement. La préposition se rapporte toujours en anglais à un complément direct ou à un participe présent ; l'adverbe ne s'y rapporte jamais, mais il se rapporte au contraire au verbe précédent ou à un adjectif.

La préposition *to* est la seule qui puisse être suivie d'un infinitif. Il y en a aussi qui ne peuvent recevoir qu'un complément direct; tels sont : *among, over, under, beh͞ind', between', dur'ing, accord'ing to, notwithstan'ding.*

Toutes les fois qu'en français une préposition est suivie d'un infinitif, la préposition anglaise reçoit le participe présent; mais *to* peut recevoir aussi l'infinitif.

EXEMPLES :

Sans FAIRE,	*withōūt'* DOING ;
*Il a été empéché d'*ÉCRIRE,	*he has been préven'ted from* WRITING.
Il se prépare à PARLER,	*he is prépa'ring to* SPEAK.
Il n'aime pas à PARLER,	*he is averse' to* SPEAK'ING.

250. Les prépositions *by, up, over, under,* et plusieurs autres, se combinent avec des verbes, pour en modifier le sens. Elles deviennent alors des adverbes, et une partie essentielle du verbe, quoiqu'on puisse même quelquefois les séparer de celui-ci par des noms et des pronoms.

Ainsi *to get,* obtenir, combiné avec *up,* veut dire *se lever, to get* UP. De même *to get* ON, veut dire *faire du progrès, to get* OFF, *se débarrasser,* etc.

Questionnaire.

248. [Qu'est-ce qu'une préposition?

Qu'est-ce que les prépositions marquaient dans l'origine?

Citez quelques prépositions de lieu, de but, d'origine.

Quelle est la différence entre *at* et *to?*

Entre *from* et *of?*

Entre *in* et *into?*

Citez quelques prépositions exprimant des rapports d'ordre, de rang, d'étendue, de temps.

D'union, de convenance, d'exception, de séparation.

D'opposition, de cause, de moyen.

Comment appelle-t-on des prépositions résultant de la réunion de plusieurs mots?

249. Quelques prépositions sont-elles applicables comme adverbes?

Comment peut-on toujours distinguer un adverbe d'une préposition?

Toutes les prépositions peuvent-elles être suivies d'un infinitif?

Quelle est la seule préposition qui puisse en être suivie?

Citez quelques prépositions qui ne peuvent recevoir qu'un complément direct.

Quand la préposition anglaise peut-elle toujours être suivie du participe présent?

Y a-t-il une exception?

250. Citez quelques prépositions qui se combinent avec des verbes pour en modifier le sens.

Que deviennent-elles alors?]

DE LA CONJONCTION.

251. La *conjonction* est un mot qui sert à joindre entre
elles les phrases ou les parties semblables d'une phrase.
La conjonction joint :
1° Un sujet à un sujet ;
2° Un adjectif à un adjectif ;
3° Un complément à un complément ;
4° Un verbe à un verbe, ou une phrase à une phrase.
252. Voici les principales conjonctions :

and, et.	*as*, lorsque, comme, que.
that, que.	*if not*, sinon.
nei'ther — nor, ni — ni.	*althōugh' thōugh*, quoique.
but, mais.	*bĕsi'des*, d'ailleurs.
if, si.	*nĕ'vertheless'*, cependant, néan-
for, car,	moins.
nōw, or.	*whe'ther — or*, soit que, — soit
thĕre'fore, donc.	que.
or, ou.	*either — or*, ou, — ou.
or else, ou bien.	*than*, que.

Voyez pour l'emploi de *as*, que, et *than*, que, les §§.
103, 104 et 106.

253. *That*, que; est employé lorsqu'il n'y a pas de
comparaison. Je te dis qu'il n'y est pas, *I tell you* THAT
he is not here.

On aime à omettre *that*, lorsque la phrase n'en est pas
dénaturée. Ainsi l'on dit: *I tell you he is not here,* je te dis
IL n'y est pas.

[*Both*, que nous connaissons déjà comme adjectif et comme
pronom (§§ 125 et 114), est aussi une conjonction, dans le sens
de *et*, en parlant de deux personnes ou choses [1].

EXEMPLE :
He forgot' both his friends and coūntry.
Il oublia et ses amis et sa patrie.]

[1 On trouve dans le poëte Spenser un passage curieux, où *both* est
employé pour trois choses :

Both shield and swōrd and ar'mour, all he wrought.
Et le bouclier, et l'épée, et l'armure, tout fut son ouvrage.
Fairy Queen, B. I, C. VII, 56.]

Questionnaire.

231. [Qu'est-ce que la conjonction ?
Comment peut-on l'employer?
232. Citez les conjonctions principales.

253. Comment emploie-t-on *that ?*
Peut-on l'omettre?
Quand ?]

—————◦◦◦—————

DE L'INTERJECTION.

254. *L'interjection* est un mot qui exprime les senti-
ments vifs et subits de l'âme ; c'est une sorte de cri de
joie, de *douleur,* etc.

EXEMPLES :

Pour exprimer la joie :	{	*char'ming !* charmant !
		ca'pital ! bon !
«	la douleur :	*alas' !* hélas !
«	la surprise :	*ha !* ah !
«	l'admiration :	*oh !* oh !
«	l'aversion :	*fye ! shock'ing !* fi ! fi donc !

Pour appeler : *ho !* holà !
Pour encourager : *cöme !* ça, allons !
Pour faire taire : *mum !* chut !

On peut ajouter les suivants :

si'*lence !* silence !
cour'age ! du courage !
hea'vens ! ciel !
göod mor'ning ! }
göod day ! } bon jour !
göod night ! bonne nuit !

göod eve'ning ! bon soir!
adieu' ! (adiou !) adieu !
Sir ! monsieur ! [1]
Mä'dam ! madame !
Miss ! mademoiselle !

———————————————

[1] Lorsque *monsieur* est uni à un nom propre, on ne se sert pas de
Sir ; on dit *Mister,* qui s'écrit toujours **Mr.** *Monsieur Henri* s'écrit
Mr. Henry et se prononce *Mister Henry.*

Sir, ajouté aux noms propres, est un titre de noblesse ; on ne l'emploie alors jamais sans y ajouter un prénom. EXEMPLES : *Sir Robert Peel,*
le baronnet Robert Peel ; *Sir Richard Whittington,* le chevalier Richard
Whittington.

Madam, uni à un nom propre, s'écrit **Mrs.** (abréviation de *Mistress*)
et se prononce *miss'ezze.* **Mrs. Edgeworth,** madame Edgeworth.

Les épouses de ceux qui ont le titre de *Sir* ou de *Lord,* ont celui de
Lady (dame); *Lady Montague,* la dame Montague.

Miss est employé seul ou avec le nom propre.

Au-dessous de l'âge de 16 ou de 18 ans, les jeunes gens ont le titre de
Master, avec ou sans nom propre.

Questionnaire.

254. [Qu'est-ce qu'une interjection? | A une demoiselle?
Citez-en quelques-unes. | Comment dit-on *bonjour ?*
Quel titre de politesse donne- | *Bonne nuit?*
t-on à un homme ? | *Bonsoir ?]*
A une dame ?

DE L'ANALYSE GRAMMATICALE.

255. L'*analyse grammaticale* est l'explication des différentes espèces de mots qui forment une phrase, de leurs formes grammaticales et de leurs rapports. En voici un modèle :

PHRASE A ANALYSER :

Religion, hōw great is thy pōw'er! hōw ma'ny vir'tues does mankind' owe thee! Oh! hap'py the mor'tal who, convin'ced of thy sublime' trüths, con'stantly finds in thy bó'som a shel'ter from vice and a ré'fuge from misfor'tune!

ANALYSE :

Reli'gion (religion). Nom abstrait sing. employé comme nom propre, parce que la religion est ici personnifiée; mis en apostrophe ou au vocatif.

hōw (comment). Adv. de manière, se rapportant à *great.*

great (grand). Adj. qualificatif, se rapportant à *pōw'er.*

is (est). Verbe essentiel, 3ᵉ pers. du sing. du présent de l'indicatif; irrégulier.

thy (ton). Adj. possessif, genre com. sing., déterminant *pōwer.*

pōwer (empire). Nom abstr. nomin. sing., sujet de *is.*

hōw (comment). Adv. de manière, se rapportant à *ma'ny*, et formant avec *ma'ny vir'tues* le complément direct du verbe *owe.*

ma'ny (beaucoup). Adj. indéfini plur. se rapportant à *vir'tues.*

vir'tues (vertus). Nom abstr. pl. complétant le sens de *hōw ma'ny.*

does (fait). Verbe auxil., 3ᵉ pers. sing. du présent de l'indicatif, formant avec le verbe principal *owe* le mode emphatique (§. 158).

mankind' (la race humaine). Nom com., nomin. sing., sujet du verbe *owe.*

owe (être redevable). Verbe actif régulier à l'infinitif présent incomplet, principal de *does.*

thee (toi). Pron. pers., 2ᵉ pers. du sing. désignant *reli'gion* et
  formant avec *to* (préposition sous-entendue) un complément indirect du verbe *owe*.
oh ! Interjection.
hap'py (heureux). Adject. qualificatif, se rapportant à *mor'tal*.
the (le). Art. défini sing. se rapportant à *mor'tal*.
mor'tal (mortel). Nom com. au nom. sing., sujet du verbe *is*, qui
  est sous-entendu.
who (qui). Pron. relatif au nomin. se rapportant à *mor'tal*.
convin'ced (convaincu). Part. pass. adj. venant du verbe régulier *to
  convince'*, et au nomin. sing., parce qu'il se rapporte
  au pronom *who*, mis pour *the mortal*.
  (de). Préposition marquant le génitif.
thy (tes). Adj. possessif, sing. déterminant *truths*.
sublime' (sublimes). Adj. qualificatif, pl. se rapportant à *truths*.
truths (vérités). Nom abstr., pl., complétant, à l'aide de la prépos.
  of, le sens du participe adj. *convin'ced*.
con'stantly (sans cesse). Adverbe modifiant le verbe *finds*.
finds (trouve). Verbe act. irrég., 3ᵉ pers. du sing. du prés. de l'ind.
  du verbe *to find;* passé déf. et part. passé : *found*.
in (dans). Préposition.
thy (ton). Adj. poss., genre com. acc. sing., déterminant *bosom*.
bo'som (sein). Nom com. accus. sing. formant, avec *in thy*, un
  complément indirect du verbe *finds*.
a (un). Art. indéfini accus. sing. déterminant *shel'ter*.
shel'ter (asile). Nom com. accus. sing., compl. dir. du verbe *finds*.
from (de). Préposition marquant l'ablatif.
vice (vice). Nom abstr. sing. formant, à l'aide de la préposition
  rom, un complément indirect du verbe *finds*.
and (et). Conjonction liant le complément direct *a shel'ter* au
  complém. direct *a re'fuge*.
a (un). Art. indéfini accus. sing. déterminant *re'fuge*.
re'fuge (refuge). Nom com. sing., compl. direct du verbe *finds*.
from (de). Préposition marquant l'ablatif.
misfor'tune (malheur). Nom abstr. sing. formant, à l'aide de
  from, un complément indirect du verbe *finds*.

VERSION :

Religion, quel est ton empire ! que de vertus te doivent les
humains ! Oh ! qu'il est heureux le mortel qui, pénétré de tes
vérités sublimes, trouve sans cesse dans ton sein un asile contre
le vice et un refuge contre le malheur.

TROISIÈME PARTIE.

DE LA SYNTAXE.

256. La *syntaxe* traite de la combinaison des mots entre eux pour exprimer un sens.

257 Quand on nomme une personne ou une chose, et que l'on dit comment est, a été ou sera cette personne ou cette chose, ou bien ce qu'elle fait, a fait ou fera, on énonce une *proposition*.

EXEMPLE : *Hen'ry is i'dle*,   Henri est paresseux.

Je dis comment est Henri ; c'est là une proposition. Ex.

The Ro'mans con'quered Gaul,   les Romains conquirent la Gaule.

Je dis ce que firent les Romains.

258. Dans toute proposition, il y a trois parties essentielles qu'on appelle le *sujet*, le *verbe* et l'*attribut*.

Le *sujet* de la proposition est ce que nous avons appelé jusqu'ici sujet du verbe. C'est la personne ou la chose, les personnes ou les choses dont on affirme l'action, l'état, la manière d'être.

Dans la proposition HENRI *est paresseux*, le sujet est *Henri*.

259. Le sujet est quelquefois sous-entendu, comme quand on dit : *Travaillez*, c'est-à-dire, vous, *soyez travaillant*. On dit alors qu'il y a *ellipse* du sujet.

260. L'*attribut* est la partie de la proposition qui exprime la manière d'être du sujet, c'est-à-dire comment est, *a été* ou *sera* le sujet. Exemple :

Hen'ry is idle,   Henri est *paresseux*.

L'attribut est l'adjectif *paresseux*, car ce mot exprime la manière d'être de Henri, c'.-à-d. comment est Henri.

261. L'attribut est quelquefois sous-entendu, comme dans : *My böök is on the tå'ble, mon livre est sur la table,*

c'est-à-dire *is* pla'ced *on the table,* est *placé* sur la table.
On dit alors qu'il y a *ellipse* de l'attribut.

262. Le *verbe* est la partie de la proposition qui réunit l'attribut au sujet, en affirmant que cet attribut convient au sujet actuellement, dans un temps passé ou dans l'avenir. Ex.

Char'les has been *ill,*   Charles *a été* malade.

Le verbe *a été* réunit l'attribut *malade* au sujet Charles. et affirme que cet attribut s'appliquait à Charles dans un temps passé.

263. Il n'y a réellement qu'un seul verbe : le verbe *to be,* être. Tous les autres mots que l'on appelle aussi des verbes, renferment en eux le sens du verbe *être* et d'un attribut qui est leur participe présent. (§ 144.)

Ainsi, *the sun shin'es,* le soleil brille, signifie à la rigueur la même chose que : *the sun* IS SHI'NING, le soleil EST BRILLANT.

Toutefois les Anglais, se servent de cette dernière forme pour en faire le mode *actuel* (§ 215) qui indique que la chose se fait *au moment dont on parle.*

264. En anglais tous les verbes, excepté le verbe *être* et les verbes auxiliaires défectifs, sont des verbes attributifs, et peuvent se décomposer de la même manière.

Pour décomposer un verbe attributif et former le mode actuel, il faut prendre le verbe *être* au même temps et à la même personne que ce verbe attributif, et mettre à la suite le participe présent de ce verbe. (§ 144.)

265. REMARQUE. Il y a dans une phrase autant de propositions qu'il y a de verbes ayant un sujet. Ainsi dans la phrase : *Je suis venu, j'ai vu, j'ai vaincu,* il y a trois propositions ; car les trois verbes *suis venu, ai vu, ai vaincu,* ont chacun pour sujet le pronom *je.*

266. Le sujet est *simple* ou il est *multiple.*

Lorsque dans une proposition il n'y a qu'un seul sujet, comme dans les exemples précédents, soit au singulier, soit au pluriel, on dit que le sujet est *simple.*

Si le sujet est *double, triple,* etc., c'est-à-dire s'il y a plusieurs sujets particuliers pour le même verbe, on dit que ce sujet est *multiple.*

Li'terature, science and art were cul'tivated,
Les lettres, les sciences et *les arts* furent cultivés ;

les lettres, les sciences et les arts, sujet multiple.

Dans ce cas, la proposition est aussi *multiple*, c'est-à-dire qu'il y a réellement autant de propositions qu'il y a de sujets particuliers. C'est comme si l'on disait : *Les lettres furent cultivées, les sciences furent cultivées*, etc.

267. De même, l'atribut est *simple* ou *multiple*.

Si dans une proposition il n'y a qu'un seul attribut, en d'autres termes, si l'on n'exprime qu'une seule manière d'être, on dit que l'attribut est *simple*, comme dans l'exemple du § 263.

L'attribut est *multiple* lorsqu'il est double, triple, etc., en d'autres termes, lorsque plusieurs manières d'être sont exprimées. Ex.

Henry IV besie'ged Par'is and sent provi'sions to the Pári'sians, who wëre afflic'ted with fa'mine.
Henri IV assiégea Paris et nourrit les Parisiens, en proie à la famine..

c'.-à-d. *Henri IV fut* ASSIÉGEANT *Paris, et* NOURRISSANT *les Parisiens*, etc., *assiégeant* et *nourrissant*, attribut multiple.

268. Lorsque l'attribut est multiple, la proposition l'est aussi ; *God is just and gŏŏd :* Dieu est juste et bon ; c'est comme si l'on disait : *Dieu est juste, Dieu est bon.*

Questionnaire.

256. De quoi la syntaxe traite-t-elle ?

257. Qu'est-ce qu'une proposition ? Donnez-en un exemple.

258. Quelles sont les trois parties essentielles d'une proposition ?
Qu'est-ce que le sujet ?
Quel est le sujet dans la proposition : *Henri est paresseux ?*

259. Le sujet est-il quelquefois sous-entendu ?
Donnez-en un exemple.
Comment appelle-t-on cette omission du sujet ?

260. Qu'est-ce que l'attribut ?
Quel est l'attribut dans la proposition : *Henri est paresseux ?*

261. L'attribut est-il quelquefois sous-entendu ?
Donnez-en un exemple.
Comment appelle-t-on cette omission de l'attribut ?

262. Qu'est-ce que le verbe par rapport à la proposition ?
Donnez-en un exemple.

263. Quel est en réalité le seul verbe d'une proposition ?
Comment peut-on décomposer les autres verbes pour

mettre l'attribut en évi-
dence ?

Les Anglais le font-ils souvent, et dans quel but ?

264. Que sont en anglais tous les
verbes, excepté le verbe
être et les verbes auxiliaires défectifs ?

Comment décompose-t-on un
verbe attributif ?

265. Combien de propositions y
a-t-il toujours dans une
phrase ?

Citez un exemple d'une phrase
contenant plusieurs propositions.

266. Combien d'espèces de sujets
y a-t-il ?

Quand le sujet est-il simple ?

Quand est-il multiple ?

Citez un exemple d'un sujet
multiple.

Dans ces cas, la proposition
est-elle simple ou multiple ?

267. Combien d'espèces d'attributs
y a-t-il ?

Quand l'attribut est-il simple ?

Quand est-il multiple ?

Citez un exemple d'un attribut
multiple.

268. Dans le cas d'un attribut multiple, la proposition est-elle
simple ou multiple ?

SUJET COMPLEXE, SUJET INCOMPLEXE, ATTRIBUT COMPLEXE, ATTRIBUT INCOMPLEXE.

269. Le sujet est *complexe* lorsqu'il est accompagné d'un ou de plusieurs compléments. (§ 95.) Ex.

The work of cre'ation *is magni'ficent,*
L'œuvre *de la création* est magnifique.

La signification du sujet *l'œuvre* est complétée par les mots *de la création;* ce sujet est complexe. Si l'on disait *l'œuvre* sans aucun complément, le sujet serait incomplexe.

270. De même l'attribut est *complexe* lorsqu'il est accompagné d'un ou de plusieurs compléments. Ex.

Henry has been writ'ing to his fa'ther.
Henri a été écrivant *à son père.*

Les mots *à son père* complètent le sens de l'attribut *écrivant:* cet attribut est donc complexe. Si le complément manquait, l'attribut serait incomplexe.

COMPLÉMENTS DU SUJET, COMPLÉMENT DE L'ATTRIBUT.

271. Les compléments du sujet sont ou *détermina-tifs* ou *explicatifs.*

Le complément du sujet est *déterminatif* lorsqu'il détermine, c'est-à-dire qu'il précise la signification du sujet, en faisant connaître de qui ou de quoi l'on parle.

    Exemple : L'œuvre *de la création* est magnifique.

Le complément *de la création* est déterminatif, car il fait connaître de quelle œuvre on parle.

272. Remarque. On reconnaît facilement que le complément est déterminatif, en ce qu'il ne peut être retranché sans nuire au sens de la proposition.

273. Le complément du sujet est *explicatif* lorsqu'il ne détermine point le sens du sujet, et qu'il explique simplement quelque chose qui se rapporte au sujet.

    Ex. : *Sin,* dētes'ted by the Almigh' ty, *contà'minates the sōul.*
        Le péché, *détesté de Dieu,* souille l'âme.

Le complément *détesté de Dieu* ne détermine point le sens du sujet *le péché,* puisque l'on parle de tout péché en général ; c'est un complément explicatif.

274. Remarque. Le complément explicatif peut se retrancher sans que la proposition cesse d'être claire.

275. Le complément explicatif est toujours placé entre deux virgules.

276. Les compléments de l'attribut sont le complément *direct* et le complément *indirect*. Nous connaissons déjà ces compléments. (§ 95.)

277. Le complément *direct* ou *indirect* de l'attribut est la même chose que le complément direct ou indirect du verbe. (§. 146.)

278. Remarque. Les compléments indirects s'appellent le plus souvent, en analyse logique, compléments *circonstantiels*, parce qu'ils expriment une circonstance de but, de lieu, de cause, de motif, etc. ; aussi répondent-ils aux questions : *A qui ? à quoi ? de qui ? pour qui ? où ? d'où ? pourquoi ? quand ? comment ?* etc.

279. Il y a aussi des compléments de complément.

    Exemple : *I have writ'ten to my friend, who is nōw in Lon'don,*
        J'ai écrit à mon ami, qui est à présent à Londres.

Le complément indirect *à mon ami* a lui-même pour complément *qui est à présent à Londres.*

Questionnaire.

269. Qu'entend-on par un sujet complexe?
Donnez-en un exemple.
270. Quand l'attribut est-il complexe?
Citez-en un exemple.
271. Quand le complément du sujet est-il déterminatif?
Citez-en un exemple.
272. A quoi reconnaît-on que le complément du sujet est déterminatif?
273. Quand le complément du sujet est-il explicatif?
Citez-en un exemple.
274. A quoi reconnaît-on que le complément du sujet est explicatif?
275. Peut-on le reconnaître par la ponctuation?
276. Quels sont les compléments de l'attribut?
277. Qu'est-ce que le complément direct ou indirect de l'attribut?
278. Comment appelle-t-on les compléments indirects en analyse logique?
A quelles questions répondent-ils?
279. Citez un exemple d'un complément de complément.

DE L'ACCORD DES PARTIES DU DISCOURS ENTRE ELLES.

280. Deux parties du discours *s'accordent* entre elles, lorsqu'elles sont au même genre, au même nombre, au même cas, à la même personne.

SYNTAXE DU NOM ET DE L'ADJECTIF.

281. Tout adjectif doit être du même genre, du même nombre et du même cas que le nom.

Comme les adjectifs qualificatifs sont invariables, on ne reconnaît cette règle que dans le pluriel des adjectifs démonstratifs.

[Nous avons dit au § 98 que l'adjectif précède toujours le nom auquel il appartient. On a néanmoins accordé aux poëtes la faculté de le placer après.

EXEMPLE :

Nŏw in swift flight they pass the trench profŏūnd'.
Fuyant rapidement ils traversent la *profonde tranchée.*   POPE.

Souvent, pour l'harmonie du vers, les poëtes mettent l'adjectif après le nom, à l'aide de *so*, *si*, lorsque le sens ne l'exige pas.

On trouve par exemple : *A wâr'rior so bold*, là où il aurait suffi de dire : *a wâr'rior bold*, ou *a bold wâr'rior*, un guerrier hardi.

Avec *so*, on peut, même en prose, mettre l'adjectif après le nom: seulement il y a alors une ellipse. Au lieu de *so rich and greāt a prize* par exemple, on peut dire : *A prize so rich and greāt*, un prix si riche et si grand ; mais il faut alors y sous-entendre : *which is* ou *was*, qui est ou qui était ; *a prize which is so rich and great*.

Lorsque plusieurs adjectifs appartiennent à un même nom, on les place souvent après; on dit par exemple : *A coŭn'try, rich, pŏ'pulous et pōw'erful*, un pays, riche, populeux et puissant, au lieu de : *a rich, pŏ'pulous and pōw'erful coŭn'try*.

L'adjectif se place après les noms exprimant des mesures, lorsqu'en français on met l'adjectif avant, suivi de *de*. Ex. *Six mi'les long*, long de six milles ; *ten feet broăd*, large de dix pieds : *six'ty men strong*, fort de soixante hommes.

L'adjectif se place encore après les noms suivants, composés avec *thing*, chose :

sŏme'thing, quelque chose.	*nŏ'thing*, rien.
a'nything, une chose quelconque.	*ĕ'verything*, tout.

EXEMPLES : *Some'thing new*, quelque chose de nouveau.
        A'nything gŏŏd, une chose quelconque (pourvu qu'elle soit) bonne.
        Nŏ'thing cōld, rien de froid.
        E'verything rare that could be got, tout ce que l'on pouvait trouver de rare.

Il existe encore certaines locutions consacrées par l'usage, où l'adjectif est placé après.

EXEMPLE : *The Sta'tes-Gĕ'neral*, les Etats-Généraux.
       The Church mĭ'litant, l'Eglise militante.
       The bŏ'dy pŏ'litic, l'Etat.
       The Attŏr'ney-Gĕ'neral, le Procureur général.

On trouve aussi dans les auteurs des expressions comme celle-ci : *Stŭ'dies phĭlŏlŏ'gical*, études philologiques, pour *philological studies*, etc.]

282. Les adjectifs peuvent s'employer comme noms au pluriel seulement, avec l'article *the*.

EXEMPLE : The strong *do not ăl'ways win the bat'tle*,
       Les forts ne gagnent pas toujours la bataille.

The strong, adj. sujet du verbe *to win*, qui est au plur.

[Il y a néanmoins des cas où l'adjectif est employé comme

substantif au singulier. On dit par exemple : *The sublime!*, le sublime (*ce qui est* sublime) ; *the beautiful!*, le beau (*ce qui est* beau), etc. Il faut alors sous-entendre *style*, le style.

Les couleurs s'expriment par des adjectifs pris substantivement, sans article, lorsqu'on en parle en général.

> EXEMPLE : *Green is a mix'ture of blue and yel'low,*
> Le vert est un mélange de bleu et de jaune.

Mais lorsqu'il s'agit de la couleur d'un objet déterminé, on met l'article.

> EXEMPLE : *The blue of this cloth is too pale,*
> Le bleu de ce drap est trop pâle.

Les adjectifs numéraux cardinaux sont employés substantivement :

1° Pour indiquer le taux d'intérêt ou de perte.

> EXEMPLE : *Five per cent,* cinq pour cent.

2° Pour indiquer l'âge d'une personne. On sous-entend *years old*, années d'âge.

Ex. *He is thirty*, il a trente ans.
He was sick'ly at five, but very heal'thy at se'ven,
Il était d'une santé faible à l'âge de cinq ans, mais d'une santé très-vigoureuse à l'âge de sept ans.

3° Pour indiquer l'heure. On sous-entend *o'clock*, (*of clock*) d'horloge.

> EXEMPLE : *It is nine*, il est neuf heures (§. 244).

Nought, ou *naught*, zéro, est substantif.]

283. Lorsque plusieurs adjectifs déterminent un même nom, on ne les sépare pas par des articles.

Ex. : *A smâll, thick, red bŏŏk*, un livre petit, gros et rouge.

Si l'on disait :

> A *smâll*, a *thick*, and a *red bŏŏk*,

on parlerait de trois livres, dont un serait petit, un autre serait gros, et le troisième serait rouge.

284. Lorsqu'on s'est servi des degrés de comparaison en *er* ou *est* (§§ 103 à 107), il ne faut jamais y ajouter *more* ou *most*, et réciproquement.

285. Les participes qui se rapportent à des noms doivent être regardés comme des adjectifs.

Questionnaire.

280. Quand est-ce que deux parties du discours s'accordent entre elles ?

281. En quoi l'adjectif doit-il s'accorder avec le nom ?
Cet accord est-il toujours reconnaissable à la forme de l'adjectif ?
Dans quels cas l'est-il ?

282. Peut-on employer les adjectifs comme noms? Comment ?

283. Sépare-t-on par des articles les adjectifs qui déterminent un même nom?
Qu'arriverait-il, si on les séparait par des articles?

284. Peut-on ajouter *more* ou *most* lorsqu'on a fait les degrés de comparaison par *er* ou *est* ?

285. Comment faut-il traiter les participes qui se rapportent à un nom ?

SYNTAXE DES PRONOMS.

286. Tout pronom doit être du même genre, du même nombre et du même cas que le nom qu'il remplace.

287. On ne met jamais le pronom personnel lorsqu'on met le nom qu'il pourrait remplacer.

En français, on dit : IL *est beau*, CE CHEVAL. Il n'en est pas de même en anglais. Il faut dire : *C'est un beau cheval.—This is a fine horse*, en appuyant sur *fine*.

288. Tout pronom qui répond à une question doit être au même cas que le pronom interrogatif.

EXEMPLES : Demande : Who *comes?*   Réponse : *I.*
             Qui vient?   moi.
    Demande : Whom *did you see?* Réponse : *Him.*
             Qui as-tu vu ?   lui.

289. Le pronom personnel neutre *it*, dans le sens de *ce*, peut être suivi du pluriel comme du singulier.

EXEMPLE : It *is* I, c'est moi. —It *is* they, ce sont eux.

Dans le premier cas, *I* est au singulier; dans l'autre il y a le pluriel *they*.

[Dans notre premier exemple, *ce* représente le pronom de la première personne; il peut représenter aussi la deuxième (*c'est toi*). On le traduit en effet ainsi en italien (*son io, sei tu*); mais en anglais on ne peut qu'employer *it* dans ces cas.

Mais lorsque *ce*, combiné avec le verbe *être*, représente la troisième personne, on peut l'exprimer en anglais par tous les pronoms de la troisième personne.

EXEMPLES : *He is a great man*, c'est un grand homme.
They are merchants, ce sont des marchands.

En français, on dit quelquefois *c'est*, pour *ce fut*; en anglais, il faut au contraire mettre *it was*, au lieu de *it is*, lorsqu'il s'agit du passé.

EXEMPLES :

It was *Cæ'sar who first went o'ver to Eng'land with an ar'my*, *C'est* César qui passa le premier en Angleterre avec une armée.]

290. Les pronoms relatifs *which* et *that* sont souvent omis lorsqu'il n'en résulte pas d'amphibologie.

EXEMPLES : *Here is the per'son* (that) *you want*, Voici la personne qu'il vous faut. *The hôŭse* (which) *I bought*, La maison que j'ai achetée.

291. *Which*, quoique neutre, s'emploie pour les personnes lorsqu'on veut en distinguer une d'entre plusieurs.

EXEMPLE : *Which of the two*, lequel des deux.

292. Le pronom indéfini *on* peut se traduire en anglais de six manières différentes, savoir :

1° Lorsque *on* veut dire tout le genre humain, on traduit par *one* (§ 141), suivi de la troisième personne.

EXEMPLE : One *would not believe' it*, on ne le croirait pas;

[Nous disons ici *tout le genre humain*, pour exprimer ce qui est commun à tous les hommes. Ainsi, dans notre exemple, on dit qu'il n'est pas dans la nature de l'homme d'être assez crédule pour croire cela sans une preuve bien concluante.]

2° *On*, dans le sens de : *les gens, le monde*, se traduit par *peo'ple*, avec le verbe au pluriel.

EXEMPLE : Peo'ple *talk of it*, le monde en parle.

3° Lorsque *on* exprime un nombre assez considérable, on aime à mettre la phrase au passif.

EXEMPLE : It was *still* believed *in the fif'teenth century, that the sun turn'ed rŏŭnd the ĕarth.*

On croyait encore au quinzième siècle que le soleil tournait autour de la terre (Mot à mot : IL ÉTAIT *encore* CRU au, etc.). Ici, on n'entend pas par *on* tout le genre humain, car on ne parle tout au plus que de l'Europe ou de ceux qui s'occupaient de ces sortes de questions.

4° Lorsqu'on entend par *on* un nombre encore plus limité de personnes, dont celui qui raconte faisait partie, on traduit par la première personne du pluriel.

EXEMPLE : We deter'mined *at last to cross the dé'sert*.

On se décida enfin à traverser le désert (mot à mot : NOUS *nous décidâmes*, etc.).

5° Mais si celui qui raconte n'en faisait pas partie, on traduit par la troisième personne du pluriel.

EXEMPLE : **They** deter'mined *at last to cross the dé'sert*.

On se décida, etc. (Mot à mot : ILS *se décidèrent*, etc.).

6° Lorsque *on* indique une seule personne, on traduit par *some'body*, quelqu'un.

Ex. : Somebody *has brought a letter*, on a apporté une lettre.

On dit se traduit par *it is said* (Il est dit) ou *they say*.

Outre les usages des pronoms indiqués dans les paragraphes précédents, il y en a de moins fréquents, que nous ne croyons pas devoir passer tout à fait sous silence.

Ainsi, 1° lorsque *qui* est précédé du pronom démonstratif *celui*, on peut mettre *whoe'ver* au lieu de *he who*.

EXEMPLE : *Whoe'ver told you so*, *was mista'ken*,
Celui qui vous a dit cela, s'est trompé.

2° *Nous autres, vous autres* se traduit par *we*, *you*. Ces mots reçoivent l'intonation emphatique s'ils ne sont pas suivis d'un nom.

EXEMPLES :

We *are not so severe'*,
Nous autres, nous ne sommes pas si sévères:
You histo'rians *are not al'ways to be relied on*.
Vous autres historiens, vous ne méritez pas toujours croyance.

3° Après *than*, *but*, *like*, et après les prépositions, on peut traduire les pronoms personnels français, lorsqu'ils sont compléments, et qu'ils se rapportent au sujet, par les pronoms réfléchis anglais.

Ex. *No man but* himself' *would write so*,
Aucun autre que *lui* n'écrirait comme cela.
I am speaking for my'self',
Je parle pour moi.

Do you think there is no one more clever than yourself ?
Croyez-vous qu'il n'y ait personne de plus habile que *vous?*

4° Au lieu des pronoms possessifs *mine*, *thine*, etc., on peut dire emphatiquement : *my own, thy own*, etc.

Ex. *Is this your book or your brother's ? — No, it is my own.*
Ce livre est-il à vous ou à votre frère ?—Non, il est *à moi.*

5° Pour exprimer *quel que soit*, on met le sujet après le verbe.

Ex. *The vir'tuous man, be he who he may, deser'ves respect'.*
L'homme vertueux, quel qu'il soit, mérite d'être respecté.

6° En français, lorsqu'il n'y a pas de doute possible quant au possesseur d'une chose, on se sert de l'article au lieu de prendre l'adjectif possessif. On dit par exemple : *Je lui ai tendu* la *main* (au lieu de *ma main*). En anglais, il faut l'adjectif possessif : *I stretch'ed out* my *hand to him.*

7° On met *of which* après *some*, *any*, *both*, *all*, et après les numéraux, pour exprimer *dont, qui tous*, etc.

EXEMPLES : *Some of which,* dont quelques-uns.
Any of which, dont un quelconque.
Both of which, qui tous le deux.
All of which, qui tous.
Ten of which, dont dix.
The tenth of which, dont le dixième.

S'il s'agit de personnes, on met de même *of whom.*

8° Au lieu de *of whom* et de *of which*, on peut se servir de *whereof'*, dont (§ 242 *).

On emploie aussi *thereof*, au lieu de *of it*, ou de *of them ;* ce mot correspond à *en*, ou aux mots français *iceux*, *icelles* (précédés de *de*) , usités encore comme termes de barreau.

9° *En* se traduit aussi, 1° par les pronoms de la 3e personne précédés d'une préposition ; 2° par les adjectifs possessifs de la 3e personne ; 3° par les pronoms *some, any*, ou *none* (§ 141).

Ex. *He will not prö'fit by it,*
Il *n'en* profitera pas.
I am ti'red of him,
J'*en* suis las(de lui).
You have his faults without' ha'ving his vir'tues,
Vous *en* avez les défauts, sans *en* avoir les vertus (de lui).
I want some,
J'*en* veux (de cela).
Will you have any ?
En voulez-vous?

I will have none,
Je n'*en* veux pas (de cela).

10° *Either* et *nei'ther*, dont nous avons parlé comme conjonctions, sont aussi des pronoms indéfinis dans le sens de *chacun des deux, l'un des deux, aucun des deux*. Ils se construisent toujours au singulier.

Ex. *I will take either*, je prendrai l'un ou l'autre.
He would accept of neither, il n'accepterait ni l'un ni l'autre.
Neither would do, ni l'un ni l'autre ne convenait.

11° *One* n'est pas toujours un pronom indéfini (§ 141); il s'emploie aussi lorsque *un, une* sont employés en français comme pronoms après *en*, ou pour exprimer *celui* ou *celle qui est*. Il est alors déclinable.

Ex. *Did he buy the white dove or the black one?*
A-t-il acheté la colombe blanche ou la noire ?
Will you have a black pen'cil or a red one ? — I will take a red one.
Voulez-vous un crayon noir, ou en voulez-vous *un* rouge ?
— J'en prendrai un rouge.

Do you prefer' sweet al'monds to bitter ones?
Préférez-vous des amandes douces, aux (amandes) amères ?

12° Le pronom français *y* (*à cela*) se traduit par *it* précédé d'une préposition, qui est ordinairement *of* ou *to*.

EXEMPLES : *Add my share to it*, ajoutez-y ma part.
He did not think of it, il n'y pensa pas.

Lorsque *y* veut dire *à eux*, on remplace *it* par *them*.

Ex. *Their force consis'ted of five thou'sand foot; three hun'dred horse were ad'ded to them* (§ 79).
Leur force se composait de cinq mille fantassins; on *y* ajouta trois cents cavaliers.]

Questionnaire.

286. Comment le pronom s'accorde-t-il avec le nom qu'il remplace ?

287. Peut-on mettre le pronom personnel lorsqu'il y a le nom qu'il pourrait remplacer ?

288. Comment le pronom qui répond à une question s'accorde-t-il avec le pronom interrogatif ?

289. Lorsque *it* veut dire *ce*, faut-il le faire suivre du singulier seulement, ou peut-on mettre le pluriel ?

290. Peut-on omettre *which* et *that?* Dans quel cas ?

291. **Which** peut-il quelquefois s'appliquer aux personnes? Dans quel cas?
292. De combien de manières peut-on traduire *on* en anglais?
1º Comment le traduit-on lorsqu'il s'agit de tout le genre humain?
2º Et lorsque *on* veut dire *les gens*, *le monde?*

3º Lorsqu'il exprime un nombre assez considérable?
4º Lorsque celui qui raconte fait partie des personnes indiquées par *on?*
5º Lorsqu'il n'en fait pas partie?
6º Lorsque *on* indique une seule personne?

SYNTAXE DU VERBE.

293. Tout verbe doit être du même nombre et de la même personne que son sujet.

Ainsi :

1º Si le sujet est un pronom relatif qui se rapporte à un nom précédent, le verbe prend le nombre et la personne de ce dernier.

EXEMPLES : I *who* am *ignorant of it*, moi qui l'ignore.

On dit *am*, 1re personne du sing., parce que *who* se rapporte à *I*, pronom de la 1re personne du singulier.

Those *who* were *there, admir'ed in si'lence,*
Ceux qui étaient là admirèrent en silence.

Were est au pluriel comme *those.*

2º Le verbe *to be*, être, est toujours suivi du même cas dont il est précédé.

EXEMPLE : He *is* the man, il est l'homme.

The man est au nominatif, parceque *he* est au nominatif.

I knew him *to be* the man, je le reconnus pour (être) l'homme.

Ici *the man* est à l'accusatif, parce que *him* l'est aussi.

3º Le verbe ne s'accorde jamais avec le complément déterminatif du sujet (§. 272).

EXEMPLE : *Some* degree' *of* rich'es is *requir'ed,*
Un certain degré de richesse est exigé. (*Johnson.*)

Is s'accorde ici avec le sujet *degree* qui est au sing., mais non pas avec le compl. *of riches* qui est au pluriel.

4° Les noms collectifs ont le verbe tantôt au singulier, tantôt au pluriel. Il n'y a pas de règle.

EXEMPLES : On trouve dans **Gibbon** *pēo'ple*, peuple, au singulier aussi bien qu'au pluriel : *the people* was, ou bien *the people* were, le peuple était.

Mankīnd', le genre humain, se trouve dans les meilleurs auteurs aussi bien au pluriel qu'au singulier.

5° Lorsque le sujet est multiple (§. 267), le verbe est au pluriel.

Hĕalth *and* plen'ty cheer *the swain*,
La santé et l'abondance réjouissent le laboureur. (*Goldsmith.*)

Cheer est au pluriel, à cause du sujet double *hĕalth and plen'ty*.

6° Mais lorsque les sujets sont liés par les conjonctions *but*, mais; *or*, ou; *nor*, ni, le verbe est au singulier, même si elles sont sous-entendues.

Gra'titude or for'tune has *often raised obscure' men to pōw'er*,
La gratitude ou la fortune a souvent élevé des hommes obscurs
au pouvoir.

Has est au singulier à cause de *or*.

7° Les noms qui ont la forme du pluriel, mais le sens du singulier, ont le verbe au pluriel.

EXEMPLE : Bel'lows serve *to kin'dle the fire*,
Le soufflet sert à allumer le feu.

Bellows a la forme du pluriel, mais le sens du singulier ; néanmoins le verbe *serve* est au pluriel.

News, une nouvelle, a cependant le verbe au singulier.

8° Les infinitifs complets des verbes, ainsi que les participes, sont employés très-fréquemment comme des noms. Les infinitifs ne prennent pas d'article ; les participes au contraire en prennent souvent.

EXEMPLES : To beär *is* to conquer *our fate*,
Souffrir, c'est *vaincre* notre sort.
(Si nous savons souffrir, nous vaincrons les rigueurs
du sort.) (*Campbell.*)

Ces infinitifs, comme on voit, sont ici des noms.

Liv'ing *in i'dleness is* not liv'ing *at all*,
Vivre dans la paresse, ce *n'est pas vivre* du tout.

Ici le participe présent remplace le nom.

294. Le subjonctif n'a lieu en anglais que pour exprimer un doute sur l'avenir, quelle que soit d'ailleurs la conjonction qui précède le verbe. (Voyez la note, p. 62.) Ainsi les conjonctions *if*, si, *that*, que, *though*, quoique, etc., se construisent avec l'indicatif toutes les fois qu'il s'agit d'un événement accompli, ou hypothétiquement (par supposition) admis comme accompli.

EXEMPLE :

« *Réa'söning në'ver bëcöm'es the occupa'tion of the hu'man fä'culties, until' man be so far improv'ed as to have sëcu'red the mëans of subsis'tence.* »　　　(ROBERTSON, *Hist. of America.*)

« L'action de raisonner ne devient une occupation des facultés humaines, que lorsque l'homme est assez civilisé pour se procurer des moyens réguliers d'existence. »

Ici il y a le subjonctif *until' man be*, parce que l'auteur parle de la civilisation *future* de l'homme sauvage.

« *Though thëre are ma'ny authors, who have writ'ten on dreams, they have gë'nerally cons'dered them ön'ly as rëvela'tions of what has älrëa'dy hap'pened* »　　(*Spectator*, n° 487.)

« Quoiqu'il y ait beaucoup d'auteurs qui ont écrit sur les songes, il les ont regardés seulement comme des révélations de ce qui est déjà arrivé. »

Ici *though* est construit avec l'indicatif, parce que l'existence de ces auteurs est un fait avéré.

[On a tant disputé sur l'existence du subjonctif en anglais, que nous croyons ne rien risquer en proposant une théorie sur un sujet qui, à force de débats, est devenu un terrain parfaitement neutre.

Établissons d'abord (puisqu'on est allé jusqu'à révoquer en doute une vérité aussi élémentaire) que le subjonctif est une nécessité du langage. Oui, tant qu'une chose, action ou état peut être subordonnée à une autre (§ 158), c'est-à-dire tant qu'elle peut être remise en doute, ou soumise à une condition, le subjonctif existera nécessairement. Ce n'est pas là une proposition, c'est un axiôme.

La langue anglaise a-t-elle pourvu à cette nécessité ? — Les exemples fournis en masse par les meilleurs écrivains nous permettent de répondre sans hésiter : Oui, elle y a largement pourvu, d'abord par l'usage des conjonctions, et ensuite par la forme même prescrite pour ce mode.

Ce qui a induit en erreur la plupart des adversaires du subjonctif, c'est l'opinion *que la conjonction suffisait à elle seule*

7.

pour exprimer l'incertitude; de sorte qu'on a regardé comme subjonctives des constructions qui, en réalité, ne le sont pas. Il est aisé de se convaincre, cependant, qu'en anglais *la conjonction ne suffit pas à elle seule pour établir le mode subjonctif.*

En effet, l'incertitude peut être de deux espèces ; car, 1º elle peut avoir rapport à un fait accompli ; 2º à une contingence de l'avenir.

Dans le premier cas, l'incertitude existe sur la vérité du fait, et celui qui parle l'accepte comme *hypothèse ;* souvent même on emploie une tournure hypothétique en parlant d'un fait avéré.

Dans le deuxième cas, l'incertitude existe dans toute sa force.

Or, lorsque l'incertitude dépend uniquement de l'ignorance d'un fait, l'orateur emploie à la vérité une conjonction dubitative, mais il ne fait pas pour cela un subjonctif. Il n'y a certainement pas de subjonctif dans cette phrase :

If thou hast spoken to him, I ask no more ,
Si tu lui as parlé , je ne demande pas autre chose.

Car évidemment l'interlocuteur exprime sa satisfaction d'un fait qu'il ignorait auparavant ; la forme dubitative n'est ici qu'apparente : c'est une tournure oratoire, rien de plus.

Dans la phrase :

If he had received the let'ter, why did he not an'swer?
S'il avait reçu la lettre, pourquoi n'a-t-il pas répondu?

Le fait d'avoir reçu la lettre est accepté comme hypothèse : *if* n'exprime donc pas un doute, mais une hypothèse qui se rapporte à une chose passée.

On peut en dire autant des phrases suivantes :

Though he says so con'stantly, I can'not believe' him ,
Il le dit constamment, mais je ne puis le croire.
That it is so, I am cer'tain,
Je suis bien certain qu'il en est ainsi.
I do not know whe'ther he speaks in ear'nest or not,
Je ne sais pas s'il parle sérieusement ou non.

Voici un exemple encore plus frappant :

If the let'ter was re'ally sent in Novem'ber, we ought to have received it,
Si la lettre a été réellement expédiée en novembre, nous aurions dû la recevoir.

Ici l'interlocuteur doute encore de la vérité du fait ; néanmoins, comme il s'agit d'une chose passée, il en parle comme d'une hypothèse qu'il admet, et il exclut le doute.

Il résulte de tout ceci, qu'en anglais, contrairement à ce qui arrive en français, le *subjonctif ne doit avoir lieu que pour exprimer l'incertitude sur l'avenir*. Ce n'est donc pas la conjonction, mais le sens dubitatif qui exige ce mode. Encore faut-il que ce doute ne soit pas apparent, mais réel, et qu'il se rapporte à la seule chose inévitablement soumise à l'incertitude, c'est-à-dire à l'avenir. Dès qu'il s'agit d'un fait accompli, l'interlocuteur, quel que puisse être son doute personnel sur la vérité de ce fait, l'admet comme hypothèse, et parle à l'indicatif.

Ainsi l'on dira en anglais comme en français : « *Quoi qu'on dise,* » parce qu'il s'agit de ce qui sera dit à l'avenir, cet avenir ne fût-il éloigné que d'un instant ; mais on ne dira pas en anglais : « *Quoi qu'on ait dit,* » parce qu'il s'agit d'un fait passé ; on dira : « *Quoi qu'on a dit.* »

C'est justement pour faire sentir cette différence qu'il importe absolument de mettre le subjonctif là où il y a doute par rapport au temps futur ; ou lorsqu'il s'agit d'un fait contesté, sur lequel les opinions ne sont pas d'accord, parce qu'alors la décision est regardée comme un événement futur.

Les exemples suivants, tirés des meilleurs auteurs, éclairciront cette théorie :

« *Iron must go through two labo'rious pro'cesses,* before *it becōm'e fit for use.* »

ROBERTSON, Hist of Amer., B. IV.

« Le fer doit subir deux opérations laborieuses avant qu'il soit bon à employer. »

Ici le subjonctif est à sa place, parce que « le fer ne peut être bon à employer » que dans un temps à venir, c'est-à-dire, *après deux opérations.* L'auteur se transporte par sa pensée au temps où l'on fait subir au fer la première opération.

« *Howĕ'ver that* be, *we may rēa'sonably conjec'ture, that,* etc. »

SPENCE, Essay on Spencer.

« Quoi qu'il en soit, nous pouvons raisonnablement supposer que, etc. »

However that be se rapporte à une chose passée, mais contestée ; on se résigne à laisser à d'autres, c'est-à-dire à l'avenir, le soin de décider la question. Le subjonctif est donc ici parfaitement légitime.

« *The ques'tion is not, which of the two is conduc'ted in the tru'est taste, but whether there be not taste and design' in both.* »

Dr HURD on Spencer.

« La question ne consiste pas à savoir lequel des deux a été exécuté dans le meilleur goût, mais s'il n'y aurait pas du goût et du dessin dans l'un et dans l'autre. »

Dans le premier membre de phrase, *is conducted* est à l'indicatif, parce qu'il s'agit de l'exécution, chose passée, *et non contestée*; mais dans le second membre de phrase, il y a le subjonctif, *whether there be*, parce qu'il s'agit de discuter une question qui ne sera décidée que dans un temps à venir.

Le *passé défini* du subjonctif a lieu surtout dans le style législatif, lorsqu'une possibilité est prévue. Dans ce cas, il y a toujours un futur caché, pour ainsi dire; car le législateur suppose qu'une chose *puisse arriver*, et il prescrit la loi pour cette chose, *lorsqu'elle arrivera*.

« *If she* have *brought up children*, *if she* have *lodged strängers*, *if she* have *washed the saints' feet*, *if she* have *di'ligently followed every good wörk*. »

BIBLE, 1. Tim., ch. V, 10.

« Et qu'elle ait le témoignage d'avoir *bien* élevé ses propres enfants, d'avoir exercé l'hospitalité, lavé les pieds des saints, secouru les affligés, et de s'être appliquée à toutes les bonnes œuvres. »

Voyez encore la note au § 179.

Nous résumerons ainsi les idées que nous venons de développer.

Lorsqu'il y a doute sur un fait passé, l'interlocuteur en parle comme d'une hypothèse qu'il accepte provisoirement; il renonce au doute, afin d'établir un argument sur cette supposition. Dès lors il faut se servir de la forme de l'indicatif, précédée d'une conjonction dubitative.

Mais lorsqu'il y a doute sur l'avenir, on emploie la forme du subjonctif.

C'est pourquoi la phrase suivante de Swift est vicieuse :

« *He understöödʹ the lan'guage of Balnib arbi, although it* WERE *dif'ferent from that of this island*. »

SWIFT, Voy. to Laputa, ch. VII.

« Il comprenait le langage de Balnibarbi, quoiqu'il fût différent de celui de cette île. »

Car il n'y a pas d'incertitude, la différence de langage est un fait avéré; il aurait fallu dire : *Although it* WAS *different*.

En français, la conjonction *quoique* entraîne nécessairement le subjonctif; il n'en est nullement ainsi en anglais.

Mais dans la phrase suivante, le même auteur se sert avec raison du subjonctif :

« *Be ware'*, *Doc'tor*, *that it* fare *not with you* **as** *with your pre-deces'sor Hippo'crates.* »

« Prenez garde, Docteur, qu'il ne vous arrive ce qůi est arrivé à votre prédécesseur Hippocrate. »

Je demanderai à ceux qui voudraient bannir le subjonctif de la langue, si, en mettant *fares* au lieu de *fare*, il n'y aurait pas un non-sens manifeste.

Comment encore rejeter le subjonctif dans les vers suivants :

> « *Whatĕ'ver creed* be *taught*, *or land* be *trod*,
> « *Man's con'science is the ŏ'racle of God.* »
>
> Byron, *the Island*, C. I, v. 124.

« Quelle que soit la croyance que l'on enseigne, quelle que soit la terre que l'on foule, la conscience de l'homme est toujours l'oracle de Dieu. »

A ceux qui soutiennent que le subjonctif peut toujours s'expliquer par l'ellipse de *may*, *might*, etc., je réponds que cette objection n'est pas sérieuse. Y aurait-il, par exemple, ellipse dans la phrase : *I móve that this bill do nōw pass* (je propose que ce projet de loi soit adopté)? Dira-t-on qu'il y a des verbes qui ont le subjonctif et d'autres qui ne l'ont pas? Ce serait illogique.

Nous sommes donc d'avis, sans crainte d'être démenti, ni par les meilleurs écrivains, ni par l'usage de la conversation, que, dans le cas indiqué, le subjonctif doit garder sa forme spéciale, que nous trouvons toujours élégante, et souvent indispensable pour la clarté de la phrase.]

295. Des verbes liés entre eux par des conjonctions doivent être du même mode, du même temps et de la même personne.

Ex.: *He* wåtch'ed *and* wept, il *veillait* et *pleurait*. (*Goldsmith.*)

296. Néanmoins, si ces verbes n'ont pas le même sujet, ou s'ils rappellent nécessairement des idées différentes de temps et de mode, cette règle n'a pas lieu.

Ex. : *Time was*, *but time shall be no more*,
Ce temps fut, mais ce temps ne reviendra plus. (*Marsden.*)

297. Si deux propositions, liées entre elles par une conjonction, ont un même verbe, mais avec des auxiliaires différents, ces derniers doivent être du même mode, du même temps et de la même personne.

Exemple : *He* may spĕak *if he* will (c'est-à-dire *speak*),
Il lui est permis de parler, s'il le veut.

298. Nous avons dit (§. 172) que, pour le futur, *shall* s'emploie à la première personne, et *will* aux deux autres. De même *should* s'emploie à la première personne du premier présent du conditionnel, et *would* aux deux autres personnes (Voyez les conjugaisons).

Mais lorsque la phrase commence par *after*, après que ; *according as*, suivant que ; *as soon as*, dès que ; *if*, si ; *lest*, de crainte que ; *though*, quoique ; *that*, que ; *till*, jusqu'à ce que ; *when*, lorsque, et des mots analogues, on met *shall* et *should* aussi à la deuxième et à la troisième personne.

Ex. : *When he* shall *have been*, lorsqu'il aura été.
Lest he should *betray us*, de crainte qu'il ne nous trahisse.

299. Lorsqu'un verbe est complément direct d'un autre, c'est-à-dire, lorsqu'il répond à la demande : *quoi?* on le met à l'infinitif complet.

Dans ce cas, il est toujours possible de remplacer le verbe par un nom à l'accusatif.

Ex. : *I dĕsire' to lĕarn*,
Je désire *apprendre* (je désire *quoi?* l'instruction).
He tried to ascend',
Il essaya *de monter* (il essaya *quoi?* l'acte de monter).

300. Les verbes suivants reçoivent dans ce cas l'infinitif incomplet.

bid,	commander.	*hĕar*,	entendre.
dare,	oser.	*feel*.	sentir.
need,	avoir besoin.	*let*,	laisser.
see,	voir.	*make*,	faire.

301. Il arrive souvent que l'infinitif complet n'est pas un complément direct, mais un complément indirect du verbe ; c'est lorsque *to* signifie *in or'der to*, pour.

Ex.: *I write* to *inform' you that I have rĕcĕiv'ed your let'ter*,
J'écris pour vous informer que j'ai reçu votre lettre.

302. Les verbes transitifs peuvent se séparer de l'infinitif par un accusatif.

Ex. : *I wish him to stŭ'dy*, je désire qu'il s'applique à l'étude.
Mot à mot : Je désire *lui* étudier.

[Cette construction s'emploie de préférence toutes les fois qu'en français le complément est lié au verbe par *que*, si ce dernier exprime un désir ou une volonté.

EXEMPLE : *He would not have me spēak of it,*
Il ne voulait pas *que* j'en parlasse.|

303. Le verbe français *falloir* peut se traduire :
1° Par le passif, avec *must* (§. 222), lorsque la personne n'est pas indiquée.

EXEMPLE : *This must* be done, *il faut* que cela se fasse.
Mot à mot : Cela doit être fait.

Dans le même cas, *il faudrait* se traduit par le passif avec *ought* (§. 177) ou *should*.

EXEMPLE : *This* ought to *be done,* } Il *faudrait* que cela se fît.
This should *be done,*
Mot à mot : Cela devrait être fait.

De même :

This ought to *have been done,* | Il *fallait (aurait fallu)* le faire.
This should have *been done,* |

Il faudra se traduit dans le même cas par le passif avec *will have* .

This will have to be done,
Mot à mot : Ceci aura à être fait.

2° Par la première personne avec *must*.

Ex. : *I must spēak,*   il faut que je parle.
We must do so,   il faut que nous fassions ainsi.

Il faudrait et *il fallait* s'expriment dans le même cas, par la première personne avec *ought* ou *should*.

EXEMPLES : I ought to,   *ou bien :*   I should *spēak,*
Il faudrait que je parlasse.
I ought to,   *ou bien :*   I should *have spoken,*
Il fallait, ou il aurait fallu que j'eusse parlé.

3° Par la 2ᵉ et 3ᵉ personne avec *must, ought* ou *should*.
Il suffit pour cela de substituer les pronoms de la deuxième ou troisième personne à ceux de la première, dans les exemples précédents.

They must spēak,   il faut qu'ils parlent, etc.

4° Par le verbe composé : *to be obliged,* être obligé.

Ex. : *I am obli'ged to* write,   il faut que j'écrive.

Et de même pour les autres temps.

5° Par *it is nĕ'cessăry*, il est nécessaire, suivi de l'infinitif complet :

Ex. : *It is nĕ'cessary to write*, il faut (absolument) écrire.

Les autres temps, *it was necessary, it has been necessary, it will be necessary*, etc., s'emploient de même.

[L'impersonnel français *il fait* se traduit par le verbe *être* précédé de *it*.

Exemples : *It is cold*,   il fait froid.
             It was day,   il faisait jour.
             It will be warm, il fera chaud.

L'impersonnel *il vaut* se traduit de même :
Exemple : *It will be bet'ter*, il vaudra mieux.]

Questionnaire.

293. Comment le verbe s'accorde-t-il avec son sujet ?
   1° Qu'arrive-t-il, par conséquent, si le sujet est un pronom relatif qui se rapporte à un nom précédent ?
   2° Le verbe *to be* de quoi est-il toujours précédé et suivi ?
   3° Le verbe s'accorde-t-il jamais avec le complément déterminatif du sujet ?
   4° Comment le verbe se comporte-t-il avec les noms collectifs ?
   5° Et avec les sujets multiples ?
   6° En est-il de même lorsque les sujets sont liés entre eux par les conjonctions *but, or* ou *nor* ?
   7° Qu'arrive-t-il, lorsque le nom a la forme du pluriel, mais le sens du singulier ?
   8° Peut-on employer les infinitifs complets et les participes présents, comme des noms ?

294. Dans quels cas emploie-t-on le subjonctif ?

295. Lorsque deux verbes sont liés entre eux par des conjonctions, comment s'accordent-ils ?

296. Y a-t-il des cas où ils ne s'accordent pas ?

297. Qu'arrve-t-il, [lorsque deux propositions, liées entre elles par une conjonction, ont un même verbe, mais avec des auxiliaires différents[?

298. Y a-t-il des cas où *shall* et *should* s'emploient à la 2ᵉ et 3ᵉ personne dans le sens du futur ? Lesquels ?

299. Comment emploie-t-on un verbe qui est complément direct d'un autre ?

300. Quels sont les verbes qui dans ce cas reçoivent l'infinitif incomplet ?

301. Dans quels cas l'infinitif complet n'est-il pas un complément direct ?

302. Les verbes transitifs peuvent-ils être séparés de l'infinitif qu'ils gouvernent ? Comment ?

303. Comment traduit-on *falloir ?*
   Citez un exemple où *falloir* est traduit par le passif de *must*.
   Un autre, où il est traduit par la première personne de l'actif avec *must*.
   Ou par la deuxième ou troisième personne avec *must, ought* ou *should*.
   Ou par le verbe composé *to be obliged*.
   Ou par *it is ne'cessary*.

SYNTAXE DES PARTICIPES.

304. On emploie le participe présent, précédé d'une préposition, comme complément indirect d'un verbe.

C'est toujours la préposition *of* qui est réellement combinée avec le participe présent, lorsqu'il est complément indirect d'un verbe ; les autres prépositions ne le sont qu'en apparence. Car on peut toujours intercaler entre la préposition et son participe les mots : *the fact of*, le fait de ; *the intention of*, l'intention de, *the expe'dient of*, le moyen de, etc.

Ex.: *He was accused* of having *said*,
 Il fut accusé *d'avoir* dit (c'est-à-dire *of* the fact of *having*, etc., du *fait* d'avoir).
 They talked about going *to London*,
 On parla d'aller à Londres (c'est-à-dire *about* the inten'tion *of going*, de *l'intention* d'aller).
 We shor'tened our way by crossing *the river*,
 Nous raccourcîmes notre chemin en traversant le fleuve (c'.-à-d. *by* the *expe'dient* of *crossing*, par le moyen de traverser).

305. Le participe présent se met d'ailleurs toujours lorsqu'on l'emploie en français.

306. Il s'emploie aussi, surtout après les adjectifs, lorsqu'on met en français l'infinitif avec *de* :

EXEMPLE : *I am tired* of wri'ting,   je suis las d'écrire.

[Le participe présent se prête en anglais à des constructions très-variées, inconnues en grande partie aux autres langues. En voici quelques-unes :

1º Moyennant l'ellipse de certaines locutions, telles que : *Qua'lity of*, qualité de; *ac'tion of*, action de; *manner of*, etc., le cas possessif des noms peut être suivi d'un participe présent, absolument comme si ce dernier représentait une chose ou personne possédée. Ce qu'il y a de plus remarquable, c'est que dans ces constructions le cas possessif n'est nullement limité aux êtres vivants, comme cela arrive ordinairement (§ 92), mais que tous les noms sans exception peuvent le recevoir.

EXEMPLES :
This was owing to his bro'ther's be'ing absent) (to his brother's *action of* being absent),
Cela venait de ce que son frère était absent.

The lines were uneven from the ruler's having notches (from the
ruler's *quality of* having notches),
Les lignes étaient inégales parce que la règle avait des coches.

2o Par la même raison, on peut mettre les adjectifs possessifs
au lieu du nom.

EXEMPLES :

*Much depends' on the rule's be'ing obser'ved, and er'ror will be
the con'sequence of its be'ing neglec'ted (its state of* be'ing),
Le succès dépend beaucoup de ce que l'on observe la règle, et
il en résulte de l'erreur si on la néglige.
He complain'ed of my leaving him so abrupt'ly (my *action of*
leaving),
Il se plaignit de ce que je l'avais quitté si brusquement.

3o Le participe présent remplace encore l'infinitif français,
même lorsqu'il n'est pas précédé de la préposition *de.*

Exemple : *We saw the storm ri'sing,*
Nous vîmes la tempête s'élever.

4o Le participe présent s'emploie aussi comme nom commun,
précédé d'un article, et suivi de *of.*

EXEMPLE :

*These are pre'cepts, by the observ'ing of which, you will attain
hap'piness,*
Ce sont là des préceptes, par l'observation desquels vous at-
teindrez la félicité.]

Questionnaire.

304. Le participe présent peut-il
être employé comme com-
plément indirect d'un verbe? et comment?
Quelle est la préposition qui
est toujours combinée en
réalité avec le participe présent?
Quelles sont les ellipses qu'il
faut sous-entendre dans
ce cas?
305. Où met-on d'ailleurs toujours
le participe présent?
306. Quand l'emploie-t on encore?

SYNTAXE DE L'ADVERBE.

307. Lorsque l'adverbe modifie un adjectif, ce dernier est placé après l'adverbe.

Ex : *A very good child,* un *très*-bon enfant.

Néanmoins *enough* (*ëneuff*), assez, est toujours placé
après ; *large enough,* assez grand.

[Lorsque *rather*, plutôt, assez, modifie un adjectif, l'article indéfini, s'il a lieu, est placé entre l'adverbe et l'adjectif.

EXEMPLE : *He is rather* a *daring man*,
C'est un homme assez hardi.]

308. De même, l'adverbe qui modifie un autre adverbe est placé devant celui-ci.

Ex : *He spoke* ra'ther *cool'ly*,   il parla *assez* froidement.

309. L'adverbe précède toujours les participes, lorsqu'ils sont employés comme adjectifs.

310. L'adverbe qui modifie un verbe peut être placé avant ou après. Cela dépend le plus souvent de l'harmonie et du sens.

EXEMPLE : *I shall* wil'lingly *do it,*
ou bien : *I shall do it wil'lingly,* } Je le ferai volontiers.

[Les règles que l'on trouve prescrites dans plusieurs grammaires, pour déterminer la place de l'adverbe relativement au verbe qu'il modifie, sont très-douteuses. C'est pourquoi nous avons préféré d'épargner tout embarras à l'élève, en lui laissant à ce sujet une entière liberté. Il y a néanmoins certains usages, certaines préférences, que l'on peut presque regarder comme des règles et dont nous dirons quelques mots ici.

1° Lorsque le verbe *être* est suivi d'un attribut, et lors même que l'attribut est sous-entendu, l'adverbe se place ordinairement *après* le verbe.

EXEMPLES :

I *am* gĕ'nerally *si'lent*, | Je garde ordinairement le silence.

He *is* âl'ways *at home*, | Il est toujours chez lui.

On pourrait cependant mettre ces adverbes avant le verbe, ce qui modifierait la portée de la phrase par l'effet de l'intonation (§ 231*). Car, dans l'ordre actuel des mots, ce sont les mots *si'lent*, et *at home*, qui reçoivent l'emphase ; mais on appuyerait de préférence sur le verbe, s'il était placé après l'adverbe, de sorte que les phrases auraient le sens suivant :

I *gĕ'nerally* AM *silent*, | Je le garde en effet, le silence.
He *âl'ways* IS *at home*, | Il y est en effet toujours, che lui.

Ce cas a lieu le plus souvent dans les phrases elliptiques si communes en anglais, où l'on omet l'attribut ou le complément qui se trouve dans la phrase précédente à laquelle on répond.

EXEMPLES :

Will you be silent ?	Veux-tu garder le silence?
I generally am, (sous-entendu : *silent*),	C'est ce que je fais ordinairement.
Is he at home?	Est-il chez lui?
He always is (sous-entendu : *at home*),	Il l'est toujours.

Dans ce cas, on appuie fortement de la voix sur le verbe.

Mais lorsque l'adverbe modifie l'attribut, et non pas le verbe, on ne peut pas le transposer ainsi, et il faut nécessairement qu'il précède l'attribut auquel il appartient, sans l'interruption d'aucun autre mot.

EXEMPLES :

I am quite *ready*,	Je suis tout prêt.
He was perfectly *convin'ced*,	Il était parfaitement convaincu.

C'est surtout le cas avec les adverbes de quantité (§ **242**, 5°).

2° Dans les temps composés de tous les verbes, on place ordinairement l'adverbe qui modifie le verbe immédiatement après le premier auxiliaire.

EXEMPLES :

He has of'ten *spo'ken to me*,	Il m'a souvent parlé.
He was well *punished*,	Il fut bien puni.
I shall undōŭb'tedly *see him*,	Je le verrai sans doute.

Ici encore il y a de l'arbitraire ; car *of'ten* peut se placer avant *has* ou après *spo'ken*, ou même après *to me*. Dans le premier cas, c'est *has* qui a l'emphase ; dans les autres, c'est *of'ten*.

Mais *well* ne peut pas se placer avant le verbe auxiliaire, parce qu'il modifie le participe passé ; car on demande *comment* il fut puni?

Undōŭbt'edly 'peut se placer avant *shall*, mais pas après *see*. On ne peut pas dire : *I shall see undoubtedly him*, mais on peut mettre l'adverbe après le complément direct *him*, ce qui donne de l'emphase à l'adverbe. C'est le cas de tous les adverbes de manière en *ly* (§ 242), qui, s'ils sont placés après le verbe principal , doivent en être séparés par le complément direct ou indirect. Mais s'il y avait un deuxième complément indirect, on mettrait ce dernier après l'adverbe.

EXEMPLE :

I have spo'ken to him se'riously *on the sub'ject*,	Je lui ai parlé sérieusement de cette affaire.

Il y a cependant des cas où il faut mettre l'adverbe à la fin, pour lui donner de l'emphase.

EXEMPLE :

He will give me my book pre'sently,	Il va me donner mon livre tout à l'heure.

3° Dans les temps simples, l'adverbe se place le plus souvent après le verbe neutre.

EXEMPLES :

I ran very fast,	Je courus bien vite.
He slept soundly,	Il dormit tranquillement.

Mais s'il s'agit d'un verbe transitif, on met l'adverbe après le régime direct.

EXEMPLES :

He car'ried it slowly *away*,	Il l'emporta lentement.
He pushed him vi'olently,	Il le poussa avec violence.

4° Dans certaines constructions, l'adverbe est au commencement de la phrase.

EXEMPLES :

Well may he boast of his good for'tune!	Il a raison de se vanter de son bonheur !

C'est le cas d'une exclamation ; on voit qu'alors le sujet est placé après le premier auxiliaire. Les adverbes *thus, so, soon, often, never, now, then*, se prêtent à la même construction.

EXEMPLES :

Thus shall the Romans drive back their e'nemies!	C'est ainsi que les Romains repousseront leurs ennemis !
Soon shall the vic'tory be ours!	Bientôt la victoire sera à nous !
Often have I seen the ra'ging storm,	Souvent j'ai vu la tempête furieuse.
Never may I hear his voice again!	Puissé-je ne plus entendre sa voix !
Now will I speak to him,	Maintenant je veux lui parler.
Then did he repent' of his rash'ness,	C'est alors qu'il se repentit de son imprudence.

Les adverbes interrogatifs *how, when, why, where*, produisent la même inversion à cause de l'interrogation (§§ 184, 220).

D'autres adverbes, d'une valeur purement emphatique, peuvent commencer la phrase sans produire l'inversion du sujet.

EXEMPLES :

Re'ally I can'not understand' this,	Vraiment je ne comprends pas cela.
Sure'ly you will not do so!	Assurément, vous ne ferez pas cela !

Cela arrive aussi dans les phrases elliptiques, où l'on omet un nom ou un verbe déjà contenu dans la phrase précédente :

EXEMPLES :

Is that really the case?	Est-ce vraiment ainsi ?
Formerly it was (sous entendu : *the case*),	Autrefois oui.
May he do that?	Peut-il faire cela?
Undoubtedly he may (sous-entendu : *do that*),	Sans doute qu'il le peut.

On appuie alors fortement sur le verbe *was*, *may*, etc.

5° Lorsque les adverbes *soon*, *often*, *never*, *now*, et *then* ne commencent pas la phrase, on les place ordinairement après le sujet et avant le verbe. Il en est de même avec *seldom*, rarement, *always*, toujours, et *still*, encore.

EXEMPLES :

He never writes,	Il n'écrit jamais.
I always read,	Je lis toujours.
We seldom go out,	Nous sortons rarement.

Excepté toujours le cas du verbe *être*. (Voyez plus haut.)]

311. Deux négations produisent une affirmation.

Ex.: Nor *did they* not *perceive*, et ils s'aperçurent bien. (*Milton*.)

312. *There*, là, adverbe de lieu, est employé comme impersonnel pour traduire *il* dans la phrase *il y a*.

Ex.: There was *here a spring*, *il y avait ici une source.*

313. En français, *il y a* est employé au pluriel, comme au singulier. En anglais, au contraire, le verbe est au pluriel, lorsque le nom l'exige.

Ex. There were *many warriors*, *il y avait* beaucoup de guerriers.

314. Si l'on parle du temps, on met *it is*.

Ex. It is *eight years since I was there*, *il y a* huit ans que j'y ai été.

315. Mais pour dire : *J'y ai été il y a huit ans*, on emploie *ago* : *I was there eight years* ago.

Questionnaire.

307. Quelle est la place de l'adverbe par rapport à l'adjectif qu'il modifie ? Y a-t-il une exception? Laquelle ?

308. Où place-t-on l'adverbe qui modifie un autre adverbe?

309. Quelle place donne-t-on à l'adverbe qui modifie un participe ?

<table>
<tr><td>

310. Quelle est la place de l'adverbe par rapport au verbe qu'il détermine?

311. Deux négations, que produisent-elles?

312. Comment traduit-on *il* dans la locution impersonnelle *il y a?*

</td><td>

313. Lorsqu'il s'agit de traduire *il y a* en anglais, faut-il tenir compte du nombre du nom? et comment?

314. Comment traduit-on *il y a,* lorsqu'il s'agit du temps?

315. Comment traduit-on une phrase comme celle-ci : *J'y ai été il y a huit ans?*

</td></tr>
</table>

SYNTAXE DES PRÉPOSITIONS.

316. Comme nous l'avons déjà dit (§. 250), les prépositions se combinent avec les verbes de manière à apporter de graves modifications à leur signification. Dans ce cas, la préposition a la valeur d'un adverbe et devient une partie intégrante du verbe. Mais le verbe peut aussi, sans être absolument lié à une préposition, en exiger une plutôt qu'une autre dans son complément indirect. La table suivante contient la plupart des verbes qui exigent en anglais des prépositions différentes de celles qu'on leur donne en français.

VERBES.	PRÉPOSITIONS.	SIGNIFICATION.
converse',	about' (autour)	causer *de.*
cau'tion,	against' (contre)	avertir *de ne pas.*
aim,	at (à)	viser *à.*
connive',	»	tolérer.
look,	»	regarder.
laugh, (laffe)	»	se rire *de.*
repine',	»	être affligé *de.*
won'der,	»	s'étonner *de.*
come,	by (par)	obtenir.
keep,	»	rester *avec.*
mea'sure,	»	mesurer *d'après.*
hold,	»	se tenir *à (et presque tous les verbes passifs).*
atone',	for (pour)	expier.
blame,	»	blâmer *de.*
care,	»	se soucier *de.*
console',	»	consoler *de.*
hope,	»	espérer.
long,	»	désirer ardemment.
thank (thenque)	»	remercier *de.*

VERBES.	PRÉPOSITIONS.	SIGNIFICATION.
wait,	»	attendre.
sub'stitute,	»	substituer à.
abstain',	*from* (de)	s'abstenir de.
conclude',	»	conclure de.
dérive',	»	déduire de.
désist',	»	se désister de.
distin'guish,	»	distinguer de.
hide,	»	cacher de.
acquiesce',	*in* (dans)	consentir à.
believe',	»	croire à.
delight',	»	aimer à.
parti'cipate,	»	participer à.
persëvere'.	»	persévérer dans.
ini'tiate,	*into* (dans)	initier à.
accuse',	*of* (de)	accuser de.
boast,	»	se vanter de.
complain'.	»	se plaindre de.
déprive',	»	priver de.
partake',	»	prendre part à.
rëquire',	»	exiger de.
smell,	*of* (de)	sentir (par l'odorat).
taste,	»	goûter de.
think,	»	penser à.
break'fast,	*on* (sur)	déjeûner de.
dëcide',	»	se décider à.
discōurse',	»	causer de.
gaze,	»	contempler.
prëvail',	»	obtenir à force d'instances.
tri'umph,	*over* (au-dessous)	triompher de.
weep,	»	pleurer (une personne)
get,	*out of* (dehors)	se soustraire à.
ga'ther,	*rōund* (autour)	entourer (comme une
attend',	»	écouter. [foule).
bestow',	*to* (à)	douer de.
rësolve',	*upon'* (sur)	se décider à.
acquaint',	*with* (avec)	informer de.
adorn',	»	orner de.
charge,	»	accuser de.
comply',	»	consentir à.
dispense',	»	se passer de.
med'dle,	»	s'immiscer dans.
meet,	»	rencontrer.
provide',	»	munir de.
do,	*without'* (sans)	se passer de.

Cependant plusieurs de ces verbes se combinent encore avec d'autres prépositions, que l'usage enseignera mieux que la grammaire.

317. Il y a aussi des noms et des adjectifs qui exigent des prépositions spéciales. Tels sont parmi les noms :

NOMS.	PRÉPOSITIONS.	SIGNIFICATION.
dif'ference,	*between'* (entre)	différence *entre.*
understan'ding,	»	intelligence *entre.*
rëla'tion,	»	relation *entre.*
rĕl'lish,	*for* (pour)	goût *pour.*
abhor'rence,	*of* (de)	horreur *de.*
wânt,	»	besoin *de.*
dislike',	*to* (à)	dégoût *pour.*
prey,	»	proie *de.*

318. Parmi les adjectifs :

ADJECTIFS.	PRÉPOSITIONS.	SIGNIFICATION.
gŏŏd,	*for* (pour)	bon *à.*
thank'ful,	»	reconnaissant *de.*
exempt',	*from* (de)	exempté *de.*
rëmote',	»	éloigné *de.*
care'ful,	*of* (de)	soigneux *de.*
indëpen'dent,	»	indépendant *de.*
lame,	»	boiteux *de.*
bent,	*on* (sur)	préoccupé *de.*
e'qual,	*to* (à)	égal *à.*
for'eign,	»	étranger *à.*
indul'gent,	»	indulgent *envers.*
conver'sant,	*with* (avec)	au fait *de.*

[La préposition se place souvent en anglais à la fin des phrases, lorsqu'elle appartient à un complément indirect du verbe. Cela arrive surtout :

1º Lorsque la proposition commence par un pronom relatif, exprimé ou sous-entendu :

EXEMPLES :

The man he had spo'ken to (au lieu de : *to whom he had spoken*), L'homme auquel il avait parlé.

I asked what his disor'der had cöme from (*from what his disor'der had come*), Je demandai d'où venait sa maladie.

What has he to atone' for? Que faut-il qu'il expie ?

2º Lorsque le passif est employé dans le sens de *on* (§ 292. 3º).

EXEMPLES :

Such a result' had been long ho'ped for (Pēople had long ho'ped for such a result'),
On avait longtemps espéré un tel résultat.
This has been spo'ken of,
On a parlé de cela.
This is not to be wŏn'dered at,
On ne doit pas s'en étonner.

3° Lorsque *for* est suivi de l'infinitif, dans le sens de *pour que*.

EXEMPLES :

Locke's es'say would be thought a very odd bŏŏk for a man to make himself mas'ter of (c'est-à-dire *that a man should make himself master of it*).　　SPECTATOR, n° 291.

« On regarderait l'essai de Locke comme un livre trop singulier *pour qu'*un homme dût l'étudier à fond » (*c'est-à-dire* que ce livre ne serait pas une étude convenable.]

Questionnaire.

516. Les verbes exigent-ils souvent une préposition plutôt qu'une autre dans leurs compléments indirects ? Citez-en des exemples.

317. Y a-t-il aussi des noms qui exigent des prépositions spéciales?

Citez quelques noms qui doivent être suivis de — *between,* — *for,* — *of,* — *to.*

318. Dites quelques adjectifs qui doivent être suivis de — *for,* — *from,* — *of,* — *on,* etc.

SYNTAXE DES CONJONCTIONS.

319. Deux noms ou pronoms liés par une conjonction doivent être au même cas.

Ex. : You *and* I *are rēa'ding,*　vous et moi, nous lisons.

You, I sont tous les deux au nominatif.

320. La conjonction *than,* se met après *other,* autre, *rather,* plutôt, et *more,* plus. (§. 106.)

Ex. : Other *mat'ters* than *these,*　*d'autres* choses *que* celles-ci.
Ra'ther than *do so,*　*plutôt que* de faire cela.

[On peut aussi mettre *than* après *otherwise*, autrement, et *else*, autre.

Ex. : *O'therwise than so*,   autrement que cela.
   Something else than that, quelque chose autre que cela.

Than peut, par une inversion assez commune, précéder *more* dans les comparatifs, lorsqu'un pronom relatif relie la phrase à une autre.

EXEMPLES :

New'ton, than whom there nĕ'ver was a more acute' philo'sopher,
   died in 1627.
Newton, philosophe dont la pénétration n'a jamais été surpassée,
   mourut en 1627.]

321. *Such*, ceux, celles, est suivi de *as*.

Ex.: Such as *have been descri'bed*,   ceux qui ont été décrits.

322. Quelques conjonctions exigent après elles certaines autres conjonctions (§. 252). Voici quelques combinaisons de ce genre :

Though,	quoique,	exige	*yet,*	néanmoins.
Both,	aussi bien (§ 253*)	«	*and,*	que.
Such,	tel,	«	*that,*	que.
So,	si,	«	*that,*	que.
So,	aussi (comparaison),	«	*as,*	que.
So,	de telle sorte,	«	*as,*	(avec l'infinitif), que.
As,	ainsi que,	«	*so,*	de même.

EXEMPLES :

Though *deep yet clear,*
Quoique profond, (c'était) *néanmoins* clair.   (*Denham.*)
The pow̄er to judge both quick and dead,
Le pouvoir de juger *aussi bien* les vivants *que* les morts. (*Milton.*)
Such *is our nature* that *we are always impatient of the present.*
Telle est notre nature, *que* nous sommes toujours impatients à
   l'égard du présent.
So *very hard* that, *si* dur *que.*
Not *so green* as *the oth'er,* pas *si* vert *que* l'autre.
So *contri'ved* as *to allow,* construit *de telle sorte* qu'il était permis.
As *the whirl'wind passeth,* so *do the wick'ed pass,*
Ainsi que passe le tourbillon, *de même* passent les méchants.

[Il y a aussi certains noms, adverbes, etc., qui exigent des conjonctions spéciales à la suite. Ainsi, par exemple, *nothing*, rien, exige *but*, dans le sens de *que*, ou *save* dans le même sens.

Scarcely, à peine, peut recevoir *when* pris conjonctivement dans le second membre de phrase, dans le sens de *lorsque*.

EXEMPLE :

He had scarcely spoken thus, when he was interrupted.
A peine eut-il parlé ainsi, qu'il fut interrompu.

Not est souvent suivi de *but*, dans le sens de *ce n'est pas que* :

EXEMPLE : *Not but that he had wit,*
Ce n'est pas qu'il fût dépourvu d'esprit.

Questionnaire.

519. Quel rapport doit-il y avoir entre deux noms ou pronoms liés par une conjonction ?

520. Après quels mots peut-on mettre la conjonction *than* ?

521. Quelle est la conjonction que l'on place ordinairement après *such* ?

522. Dites quelques conjonctions qui sont communément suivies par d'autres ? Citez quelques exemples.

DE L'ORDRE DES MOTS.

323. De ce que nous avons vu jusqu'ici il est facile de déduire l'ordre dans lequel il faut placer les mots dans une phrase.

Pour rendre cette partie aussi claire que possible, nous distinguerons les phrases en *indépendantes* et *dépendantes*.

324. La phrase *indépendante* est celle qui forme un sens complet sans l'aide d'une autre phrase.

La phrase *dépendante* est celle qui ne forme pas à elle seule un sens complet.

Cette dernière est donc toujours liée d'une manière quelconque à la phrase indépendante ; elle peut même être en tête ou au milieu de celle-ci. C'est le complément explicatif du sujet. (§. 274.)

La phrase est encore *affirmative*, *interrogative* ou *négative*.

325. RÈGLES GÉNÉRALES. Dans la phrase affirmative, le sujet précède toujours le verbe. Ex.: *I speak*, je parle.

Dans la phrase interrogative le premier auxiliaire précède toujours le sujet.

EXEMPLES : *Shall I spēak?*   parlerai-je ?
           Have I not spok'en? n'ai-je pas parlé ?

Dans la phrase négative, l'adverbe de négation est toujours placé immédiatement après le premier auxiliaire.

EXEMPLE : *I have not spok'en,* je n'ai pas parlé.

[Dans la phrase négative et interrogative en même temps l'adverbe de négation *not* peut être placé à volonté avant ou après le sujet. *Never*, au contraire, se place toujours après le sujet.]

326. Le tableau suivant explique l'ordre des mots dans la phrase indépendante affirmative.

SUJET.	VERBE.	COMPLÉMENT.
Article,	1er *auxiliaire :*	Préposition
Adverbe de l'Adjectif	Adverbe de négation,	Article,
Adjectif,	2e *auxiliaire :*	Adverbe de l'Adjectif
Nom,	Verbe principal,	Adjectif,
Complément déterminatif.	Adverbe (avant ou après le Verbe).	Nom,
		Compl. déterminatif.

327. Toutes les phrases ne contiennent évidemment pas ces éléments à la fois ; mais lorsqu'il en manque, ceux qui restent n'en conservent pas moins l'ordre indiqué. Le complément, par exemple, peut manquer tout-à-fait ; et le verbe peut être décomposé en un attribut précédé du verbe essentiel. (§. 263.)

Si le sujet ou le complément est un pronom, il remplace les éléments de la 1re ou de la 3e colonne.

328. Il y a encore une construction *emphatique* où l'adverbe qui appartient au verbe commence la phrase (§ 310 *). L'ordre des mots est alors le suivant :

Adverbe, premier auxiliaire, sujet, verbe principal, complément.

EXEMPLE : *Nĕ'ver had such a thing hap'pened to him bĕfore',*
          Jamais une telle chose ne lui était arrivée.

Cette construction comprend aussi les phrases qui expriment l'étonnement et qui commencent par *hŏw* et *what*. L'attribut du verbe *être* et l'adverbe du verbe attributif se placent alors immédiatement après *hŏw* et avant le sujet.

EXEMPLES :

Hŏŭ hap'py we are!	que nous sommes heureux !
Hŏŭ beautifully they sing!	qu'ils chantent bien !
Hŏŭ bōld'ly they have spoken!	qu'ils ont parlé courageusement !

329. Dans la phrase interrogative, l'ordre des mots est le suivant :

Premier auxiliaire.

Sujet tel qu'il est détaillé à la première colonne.

Adverbe de négation.

Deuxième auxiliaire.

Verbe principal et son adverbe.

Complément tel qu'il est détaillé à la 3ᵉ colonne.

330. La phrase dépendante peut commencer :

1° Par une conjonction ;

2° Par un adverbe ;

3° Par un pronom relatif ;

4° Par un participe présent.

Dans les deux premiers cas, il suffit de suivre l'ordre indiqué par le tableau du § 326, en mettant la conjonction ou l'adverbe en tête (§ 310 4°*).

Dans le troisième cas, le pronom relatif peut être le sujet ou le complément.

S'il est sujet, il remplace la première colonne, et les deux autres suivent dans l'ordre indiqué.

S'il est complément, il remplace la troisième colonne, qui devient la première ; et le sujet et le verbe suivent dans l'ordre indiqué.

Dans le quatrième cas, le participe présent remplace les deux premières colonnes, car il peut toujours se résoudre en ces trois éléments : Conjonction, sujet, verbe. Ainsi, *répétant* se résout en *comme il répétait*.

La troisième colonne vient ensuite dans l'ordre indiqué.

Le complément peut d'ailleurs ne pas exister du tout dans la phrase.

331. L'exemple suivant comprend les cas les plus fréquents :

    1. *Plea'sure is like a but'terfly;*
       Le plaisir est semblable à un papillon ;

    2. *It is attrac'tive,*
       Il est attrayant,

3. *While we pur'sue it;*
Tandis que nous suivions le ;

4. *But if it is seiz'ed upon' with too much ar'dour,*
Mais si il est saisi avec trop ardeur,

5. *It is destroyed*
Il est détruit

6. *Before we can enjoy' it.*
Avant que nous puissions goûter le.

7. *How mā'ny have rēap'ed pain,*
Combien ont récolté douleur,

8. *Think'ing themsel'ves sure of pleasure!*
Croyant eux-mêmes sûrs du plaisir !

1. Phrase indépendante. Point d'article, parce que le sujet *pleasure* est un nom abstrait. Il manque l'adverbe, l'adjectif, le complément déterminatif. *Is* est au présent ; il n'y a point d'auxiliaire. *Like* est ici l'adverbe du verbe. *A butterfly*, complément simple.

2. Phrase indépendante ; il y a le verbe essentiel suivi d'un attribut du verbe ; point de complément.

3. Phrase dépendante, commençant par un adverbe ; le sujet, le verbe, le complément se suivent dans leur ordre naturel.

4. Phrase qui commence par deux conjonctions et qui dépend du n° 5. Le passif : *It is seized upon* se résout en : *We seize upon it* (nous saisissons le), ce qui rétablit les trois éléments, sujet, verbe, complément. *With*, etc., forme un complément explicatif.

5. Phrase indépendante. Point de complément.

6. Phrase qui dépend du n° 5. Elle commence par une conjonction. *We* est le sujet, suivi d'un auxiliaire et du verbe avec le complément direct *it*.

7, Phrase indépendante ; le complément *pain* n'a pas d'article comme nom abstrait.

8. Phrase qui dépend du n° 7. Le participe présent *thinking* peut se résoudre en *while they thought*, tandis qu'ils croyaient. *Themselves*, complément, qui peut se résoudre en *that they were*, qu'ils étaient ; dès-lors *sure* est l'attribut du verbe *were* ; *of pleasure*, complément indirect du même verbe.

332. On voit par là que l'ordre indiqué dans le tableau du § 326 est applicable à toutes les phrases, en ayant soin de ramener à leurs éléments les tournures qui semblent s'écarter de la règle générale.

VERSION FRANÇAISE DU MORCEAU ANGLAIS DU § 331.

« Le plaisir ressemble à un papillon : il est attrayant tant qu'on le poursuit ; mais lorsqu'on se précipite avec trop d'ardeur pour le saisir, il est anéanti avant qu'on puisse en jouir. Combien de personnes ont rencontré la douleur lorsqu'elles se croyaient sûres du plaisir ! »

[Il ne sera pas inutile de donner ici quelques exemples des ellipses que se permet la langue anglaise, et qui modifient nécessairement l'ordre des mots.

1° On peut souvent omettre *there is*, il y a.

Ex. *No sol'dier but would glo'ry to fight in such a cause,*
   Il n'y a pas de soldat qui ne serait fier de se battre pour une telle cause.

2° On omet quelquefois, mais à tort, les démonstratifs, *this, those, him,* avant un pronom relatif.

Ex. *We are apt to love who love us.*
   Nous avons une tendance à aimer *ceux* qui nous aiment.

3° Pour plusieurs noms unis par une conjonction telle que *and* ou *or*, exprimée ou sous-entendue, on ne met l'article qu'une seule fois.

   Ex. : *A man, woman, and child,*
      Un homme, *une* femme et *un* enfant.

4° Lorsqu'un même nom gouverne plusieurs noms au génitif, on ne le répète pas.

   Ex. : *The laws of God and man,*
      Les lois de Dieu et *celles* des hommes.

5° Le pronom personnel qui appartient à plusieurs verbes à la fois, ne se met qu'au premier.

   Ex. : *I love, ho'nour and fear him,*
      Je l'aime, *je* l'honore et *je* le crains.

6° De même, la préposition qui devrait se répéter avec plusieurs noms unis par *and* ou *or*, ne se met qu'une seule fois.

EXEMPLE :

Go into the church'es, halls or public buil'dings,
Va dans les églises, *dans les* salles ou *dans les* édifices publics.

7° De nombreuses ellipses se font avec les verbes auxiliaires *to do*, *to have* et *to be*, en omettant tantôt le verbe, tantôt l'attribut, etc., en réponse à des questions.

EXEMPLES :

DEMANDE. *Have you spo'ken to him?*
Lui as-tu parlé?
RÉPONSE. *I have* (c'est-à-dire *spoken to him*),
Je lui ai parlé.
D. *Are you the man I saw?*
Êtes-vous l'homme *que* j'ai vu?
R. *I am* (c'est-à-dire *the man*),
Je *le* suis.
D. *Are you serious?*
Le dites-vous sérieusement ?
R. *I am* (c'est-à-dire *serious*),
Oui.
D. *Does he still believe' it ?*
Le croit-il encore ?
R. *He does* (c'est-à-dire *still believe' it*),
Il *le* croit.
D. *Shall I o'pen he let'ter ?*
Faut-il que j'ouvre la lettre ?
R. *Do* (c'est-à-dire *open the letter*),
Ouvrez-la.

8° Voici une ellipse remarquable pour sa hardiesse :

If this part of our trade were well cul'tivated, we should gain from one na'tion; if ano'ther, from ano'ther.

Si cette partie de notre commerce était bien cultivée, nous gagnerions par une nation ; si une autre *partie était bien cultivée, nous gagnerions* par une autre *nation*.

9° Le pronom relatif est souvent omis avec le verbe *être* auxiliaire.

EXEMPLES :

The satisfac'tion to be found in reading (c'est-à-dire *which is to be found*),
La satisfaction que nous procure la lecture.

10° Il en est de même du pronom personnel avec *être*, et même avec d'autres verbes.

EXEMPLES :

Man is al'ways dis'conten'ted ; when rich, he en'vies the indus'trious ; when poor, the idle,
L'homme est toujours mécontent ; lorsqu'*il est* riche, il envie les laborieux ; lorsqu'*il est* pauvre, *il envie* les fainéants.

8.

Ces quelques exemples suffiront pour faire connaître le caractère éminemment elliptique de la langue anglaise, et pour mettre le lecteur en garde contre les difficultés qu'il pourra rencontrer dans les auteurs à ce sujet.]

323. Comment faut-il distinguer les phrases par rapport à l'ordre des mots ?

324. Qu'est-ce qu'une phrase indépendante ? Et une phrase dépendante ?

Cette dernière peut-elle être seule, ou faut-il qu'elle soit liée à une phrase indépendante ?

Où peut-on la placer ?

Y a-t-il encore d'autres phrases ? Dites-les.

325. Où place-t-on le sujet dans la phrase affirmative ?

Et dans la phrase interrogative ?

Où place-t-on l'adverbe de négation dans la phrase négative ?

326. Expliquez l'ordre dans lequel se placent les mots qui forment 1° le sujet, 2° le verbe, 3° le complément d'une phrase.

327. Tous ces éléments existent-ils toujours ensemble dans les phrases ?

Qu'arrive-t-il si le sujet ou le complément est un pronom ?

328. Expliquez l'ordre des mots dans la construction emphatique.

Et dans les phrases qui expriment l'étonnement.

Comment commencent-elles ?

329. Expliquez l'ordre des mots dans la phrase interrogative.

330. De combien de manières la phrase dépendante peut-elle commencer ?

Quel est l'ordre qu'il faut suivre lorsqu'elle commence par une conjonction ou par un adverbe ?

Ou par un pronom relatif ?

Ou par un participe présent ?

Comment peut-on toujours résoudre ce dernier ?

331. Expliquez d'après les règles données la phrase n° 1, — n° 2, etc., du § 331.

CHAPITRE SUPPLÉMENTAIRE.

DE L'ORIGINE ET DE LA DÉRIVATION DES MOTS.

333. Les mots sont ou *radicaux* ou *dérivés*.

Les mots *radicaux* ou *primitifs* sont ceux dont on ne saurait déduire l'origine d'aucun autre mot de la même langue, tandis qu'au contraire on en retrouve le plus souvent la trace dans d'autres mots plus compliqués.

Les mots *dérivés* sont ceux dont la formation indique qu'elle dépend d'un mot radical de la même langue.

Ainsi, par exemple, le mot français *bord* est un mot *radical*, parce qu'il ne dérive d'aucun autre mot; mais on le retrouve dans les mots *débordement*, *rebord*, *aborder*, qui en sont *dérivés*.

334. Les mots radicaux d'une langue sont eux-mêmes quelquefois dérivés d'une autre langue. Mais cette considération nous conduirait trop loin. Pour qu'un mot soit regardé comme radical en anglais, il nous suffit qu'il soit le plus simple de tous les mots anglais dont le sens se rapproche de l'idée fondamentale qu'il représente.

Ainsi, quoique le mot anglais *fa'vour*, faveur, dérive du français, ou plutôt du latin, il faut le regarder comme radical en anglais, puisqu'il n'existe pas dans cette langue sous une forme plus simple.

335. Les mots dérivés se forment de différentes manières :

1° En changeant une ou plusieurs lettres dans le mot radical, en déplaçant l'accent ou en modifiant le son des voyelles ;

2° En ajoutant des préfixes ou des suffixes au mot radical;

3° En réunissant deux, et même trois mots radicaux ensemble, pour former un nouveau mot. On obtient alors ce que l'on appelle un *mot composé*.

336. Ces changements que l'on a fait subir au mot radical, ont pour but :

1° D'exprimer des modifications grammaticales ayant rapport aux nombres, aux genres, aux cas, aux personnes, aux temps, ou aux modes ;

2° De transformer une partie du discours en une autre ;

3° D'exprimer une *répétition*, une *augmentation*, une *diminution*, une *intensité*, une *privation*, une *capacité*, ou une *incapacité*, etc., dans une chose ou dans une action ;

4° De remonter de l'*effet* à la *cause*, de l'*action* à celui ou à la chose *qui agit*, de la *qualité* à celui ou à la chose qui *possède* cette qualité, et réciproquement ;

5° D'exprimer des idées complexes qu'aucun mot radical existant ne saurait représenter à lui seul.

Nous avons largement développé dans la grammaire les moyens dont on se sert pour atteindre le premier de ces buts ; nous allons maintenant nous occuper des autres en suivant l'ordre des matières indiqué au § 335.

DES MODIFICATIONS QUE SUBISSENT LES MOTS RADICAUX PAR LE DÉPLACEMENT DE L'ACCENT, LA MODIFICATION DU SON DES VOYELLES, OU LE CHANGEMENT D'UNE OU DE PLUSIEURS LETTRES.

337. Comme la plupart des mots radicaux anglais sont des monosyllabes, le déplacement de l'accent n'a ordinairement lieu que pour des mots dérivés ; il a pour effet de transformer un nom en un verbe, et réciproquement. Nous en avons donné un exemple au § 56.

Dans les dissyllabes, le verbe a dans ce cas l'accent sur la dernière, le nom sur la pénultième. Ex. : *Con'tract*, contrat ; *contract'*, contracter ; *ex'tract*, extrait ; *extract'*, extraire ; *in'sult*, insulte ; *insult'*, insulter, etc.

338. La modification du son des voyelles produit un effet analogue. Ainsi, *live*, vivre, prononcé *līve*, veut dire *vivant* ; le verbe a donc été changé en adjectif. Le substantif *bōw*, arc, prononcé *boū*, devient un verbe, qui veut dire *courber*.

Quelquefois la modification du son ne produit qu'un changement grammatical, comme dans *read*, lire, dont le passé se prononce *rĕad*. De même *ēat*, manger, fait *ĕat* au passé. Mais ces cas sont peu nombreux.

339. Quant aux modifications effectuées par le changement d'une ou de plusieurs lettres, ils sont beaucoup plus considérables. On en verra un grand nombre dont l'effet n'est que grammatical, dans la liste des verbes irréguliers aux §§ 238-240. Dans les suivants, ce sont des verbes qui se changent en substantifs, et réciproquement.

VERBES CHANGÉS EN NOMS.

Bind,	lier;	*bond*,	lien.	*Rend*,	déchi-	*rent*,	déchi-
					rer;		rure.
Brĕāk,	briser;	*brēach*,	brèche	*Sit*,	s'asseoir;	*sēat*,	siége.
Choose,	choisir;	*choice*,	choix.	*Sing*,	chanter;	*song*,	chant.
Draw,	tirer;	*draught*,	tirage.	*Speak*,	parler;	*speech*,	parole.
		(*drafte*)		*Strike*,	frapper;	*stroke*,	coup.
Gīve,	donner;	*gift*,	don.	*Thrive*,	próspé-	*thrift*,	écono-
Lóse,	perdre;	*loss*,	perte.		rer;		mie.

NOMS CHANGÉS EN VERBES.

Blŏŏd,	sang,	*bleed*,	saigner.
Gold,	or,	*gild*,	dorer.
Web,	tissu,	*wëave*,	tisser.

Il y a aussi des exemples d'adjectifs changés en noms, comme *young*, jeune, *yóuth*, jeunesse, etc.

DES MODIFICATIONS EFFECTUÉES PAR LES PRÉFIXES.

340. Nous avons donné la liste de tous les préfixes au § 54 *; nous allons maintenant en examiner l'usage.

Il y a des préfixes : 1º d'origine saxonne, 2º d'origine latine, 3º d'origine grecque.

L'origine du préfixe n'est pas sans importance, car à la rigueur on ne devrait appliquer les premiers qu'aux racines saxonnes, et les autres qu'aux mots d'origine latine ou grecque respectivement. Il est vrai que cette règle n'est pas toujours suivie, puisqu'on aime mieux dire, par exemple, *uncer'tain* que *incer'tain*, quoique *certain* soit un mot d'origine latine ; néanmoins, la règle a lieu dans la plupart des cas.

341. Préfixes saxons. Il y en a cinq usités aujourd'hui, savoir :

A, réuni au mot radical, indique un état, et pourrait quelquefois s'expliquer par la préposition française *à*. Ex. : *aside*, à part ; *afŏŏt'*, à pied. Dans d'autres cas, il donne le sens d'un participe présent. Ex. : *afloat'*, flottant, *asleep'*, dormant ; *awake'*, veillant.

Il est quelquefois séparé du mot radical. Ex. : *a hunting*, chassant ; *a walking*, se promenant. C'est surtout devant le participe présent d'un verbe anglais qu'il est détaché. Mais il l'est aussi devant les substantifs; alors il a le sens de proportionnalité, et peut se traduire par la préposition *par*. Ex. : *Fif'ty pounds a year*, cinquante livres sterling par an.

Be a une valeur *fréquentative* ou *intensive*, c'est-à-dire qu'il indique une répétition fréquente d'une action, ou bien une action faite avec énergie. Ex. : *to bemoan'*, gémir constamment de quelque chose; *to bedew'*, couvrir entièrement de rosée, etc.

Dans quelques verbes il est devenu une partie nécessaire du mot, et ne peut jamais en être retranché, comme dans *to become*, devenir; *to behave*, se comporter, etc.

Il ne faut pas le confondre avec *be*, être, dans l'impératif *begone'*, va, pars; ni avec *by*, par, changé en *be*, dans *because*, parce que, etc.

For a une valeur *privative*, c'est-à-dire qu'il indique l'absence ou la perte de quelque action ou de quelque qualité. Les modifications qu'ont subies les significations de plusieurs radicaux rendent souvent difficile la tâche de retracer sa valeur. Elle est assez reconnaissable cependant dans les mots *to fordó'* détruire; *to forbid'*, défendre, prohiber; *to forbeār'*, s'abstenir, etc.

Ces trois préfixes ne sont jamais accentués.

Mis vient de *to miss*, manquer un but, et donne en effet une idée d'erreur, de malfaisance. Ex. : *mis'chief*, du mal, du tort; *mis'beha'viour*, mauvaise conduite; *to misguīde'*, guider mal. etc. Il a souvent l'accent.

Un est privatif, et synonyme de *in* en anglais et en français. Ex. : *uncons'tant* et *incons'tant*, inconstant. Ce n'est pas que l'on puisse toujours trouver un mot français avec *in* toutes les fois qu'il y a *un* en anglais, mais le sens est le même. Il a souvent l'accent secondaire.

342. Outre ces cinq préfixes, il y a aussi un grand nombre de mots qui ont pour préfixes des prépositions. Nous en parlerons en traitant des mots composés.

343. Préfixes latins. Pour leur assimilation, voy. le § 54*.

Ab, *de*, *dis*, *non*, ont une valeur privative ou indiquant une séparation. Ex. : *to abjure*, abjurer, jurer de quitter; *to deduct*, retrancher; *to dissuade*, dissuader; *non-conductor*, qui n'est pas conducteur (de l'électricité).

Ad, *con*, indiquent une adjonction, un ensemble. Ex. : *ad-he'sion*, adhésion; *to concur'*, être du même avis.

Ante indique une priorité. Ex. : *anteroom*, antichambre, chambre qui précède une autre.

E, *ex*, expriment une sortie de quelque endroit, un dégagement d'une situation. Ex. : *to elope'*, s'échapper; *to exhume'* exhumer.

In, préposition latine et saxonne à la fois, qui se rencontre souvent sous la forme de *en*, indique une permanence ou un mouvement vers l'intérieur ; c'est le contraire du précédent. Ex. : to *install'*, installer, établir dans un endroit.

In n'est souvent qu'un préfixe privatif latin, synonyme de *un* (§ 344 *). Il ne faut pas le confondre avec le précédent.

Inter exprime une réciprocité. Ex. : *to interchänge'*, échanger.

Equĭ exprime une égalité. Ex. : *equĭ'valent*, équivalent

Bĭ indique ce qui est double ou binaire. Ex. : *biennial*, biennal. Lorsqu'il est accentué, on le prononce souvent *bĭ*.

Ob indique une opposition. Ex. : *to obviate*, empêcher.

Per donne l'idée d'un accomplissement. Ex. : *to per'forate*, perforer, passer de part en part.

Pre exprime une priorité. Ex. : *prë'face*, préface, ce qui se dit avant de commencer un livre.

Pro indique ce qui est favorable, ce qui remplace ou ce qui est antérieur. Ex. : *to protect'*, protéger : *procon'sul*, proconsul, qui agit pour le consul ; *to project'*, projeter, jeter en avant.

Re exprime une répétition. Ex. : *to reă'nimate*, réanimer.

Sub donne une idée d'infériorité. Ex. : *sub'ject*, sujet, soumis.

Super exprime l'idée de supériorité. Ex. : *superinten'dent*, surintendant.

344. Préfixes grecs. Ces préfixes ne sont que des prépositions grecques, qui communiquent leur sens au mot avec lequel ils sont combinés.

Il n'y a que *a*, représentant l'*alpha* privatif des Grecs, qui ne soit pas une préposition, au moins sous cette forme-là. C'est une abréviation de *apo*, qui exprime l'absence d'une chose, d'une qualité, etc. Ex. : *acè'phalous*, sans tête.

Il suffira donc ici de donner la signification primitive de ces prépositions, pour comprendre leur effet lorsqu'elles sont en combinaison :

ana,	sur, dans.		*hypo,*	au-dessous de
apo,	éloigné de.		*hyper,*	au-dessus de.
antĭ,	contre.		*meta,*	entre, avec, parmi.
cata,	sous, dans.		*para,*	près de, ensemble.
dĭa,	à travers de.		*perĭ,*	autour de.
epĭ,	sur, auprès.		*syn,*	avec.

Ces préfixes ne se rencontrent d'ailleurs jamais adjoints à un mot d'origine saxonne ou latine ; et les mots d'origine grecque qui s'y combinent sont presque tous adoptés aussi en français.

345. Il résulte de tout ce que nous avons dit sur les préfixes, qu'ils ne servent qu'à modifier le sens du mot radical sans changer sa valeur grammaticale.

DES MODIFICATIONS EFFECTUÉES PAR LES SUFFIXES.

346. Nous connaissons déjà par la grammaire l'usage des suffixes *en, ed, er, es, s, est, st, ing* et *ly*, qui servent à former les nombres, les conjugaisons, etc.

Nous examinerons les autres d'après les effets qu'ils produisent sur les mots primitifs auxquels ils sont ajoutés.

347. 1° *Suffixes servant à changer des substantifs en d'autres substantifs.*

Ce sont : *age, an, dom, er, hŏŏd, ism, ist, kin, ock, ry, ship.*
Kin et *ock* expriment la petitesse d'une chose : ce sont des diminutifs. Ainsi *hill*, colline, fait *hil'lock*, petite colline ; *lamb*, agneau, fait *lamb'kin*, petit agneau.

Les autres généralisent la valeur du nom, en l'étendant de l'individu à l'espèce, à l'état, à l'occupation ; de la science à la personne qui l'exerce, etc., ainsi qu'on peut le voir par les exemples suivants :

EXEMPLES :

NOMS PRIMITIFS.		NOMS DÉRIVÉS.	
bro'ker,	courtier.	*bro'kerage,*	courtage.
mu'sic,	musique.	*musi'cian,*	musicien.
king,	roi.	*king'dom,*	royaume.
coast,	côte.	*coast'er,*	cabotier.
bröther,	frère.	*brötherhŏŏd,*	confrérie.
fă'natic,	fanatique.	*fă'naticism,*	fanatisme.
drug,	drogue.	*drug'gist,*	droguiste.
ma'son,	maçon.	*ma'sonry,*	travail du maçon.
friend,	ami.	*friend'ship,*	amitié.

2° *Suffixes servant à changer un substantif en un adjectif.*
Ce sont : *al, an, ar, ale, en, fŭl, ic, ish, less, ous, some, lŷ, ŷ.*
Fŭl (abréviation de *fŭll*, plein) et *some* indiquent la plénitude, l'abondance ; *less* au contraire est privatif, et indique l'absence d'une chose ou d'une qualité. Ex. : *use*, usage, fait *use'ful*, utile, et *useless*, inutile ; *toil*, labeur, fait *toil'some*, laborieux.

Les autres répondent à peu près à la valeur du suffixe français *ique*, qui exprime : *possédant une qualité*, comme *ironique*, etc.

EXEMPLES :

NOMS PRIMITIFS.		ADJECTIFS.	
tri'umph,	triomphe.	*trium'phal,*	triomphal.
demon,	démon.	*demo'nian,*	diabolique.
line,	ligne.	*li'near.*	composé de lignes.
col'lege,	collége.	*colle'giate,*	collégial.
al'gebra,	algèbre.	*algebra'ic,*	algébrique.
self,	soi-même.	*self'ish,*	égoïste.

NOMS PRIMITIFS.		ADJECTIFS.	
wŏŏd,	bois.	*wŏŏden,*	fait de bois.
va'pour,	vapeur.	*va'pourous,*	vaporeux.
man,	homme.	*manly,*	viril.
dust,	poussière.	*dust'y,*	poussiéreux.

3° *Suffixes servant à changer un substantif en un verbe.*

Ce sont : *ate, fy* et *ise.* Ils ont à peu près la valeur du suffixe français *iser*, comme dans *électriser,* etc.

EXEMPLES :

NOMS PRIMITIFS.		VERBES.	
assas'sin,	assassin.	*to assas'sinate,*	assassiner.
beaū'ty,	beauté.	*to beaū'tify,*	embellir.
me'thod,	méthode.	*to me'thodise,*	réduire à méthode.

4° *Suffixes servant à transformer un adjectif en un substantif.*

Ce sont : *hŏŏd, ist, ity* et *ness.* Ils ont à peu près la valeur du suffixe français *té*, comme dans *conformité,* etc. *Ist* répond à *iste* en français.

EXEMPLES :

ADJECTIFS.		NOMS.	
like'ly,	probable.	*like'lihood,*	probabilité.
mŏ'ral,	moral.	*mŏ'ralist,*	moraliste.
form'al,	formel.	*formă'lity,*	formalité.
law'ful,	légal.	*law'fulness,*	légalité.

5° *Suffixes servant à changer un adjectif en verbe.*

Ce sont *en,* et ceux que nous avons vus au n° 3.

EXEMPLES :

ADJECTIFS.		VERBES.	
quick,	prompt,	*to quicken,*	hâter.
domes'tic,	domestique.	*to domes'ticate,*	apprivoiser.
vile,	vil.	*to vi'lify,*	insulter.
fami'liar,	familier.	*to fami'liarise,*	familiariser.

6° *Suffixes servant à changer un verbe en un substantif.*

Ce sont : *ance, ant, ative, ence, ent, er, ion, ment, or, ure.*

La plupart se retrouvent en français dans les mêmes circonstances : seulement *ative* fait *atif* en français, et *or* fait *eur.* *Er,* d'origine saxonne, exprime celui qui fait ce que désigne le verbe.

EXEMPLES :

VERBES.		NOMS.	
attend',	servir.	*attend'ance,*	service.
assist',	aider.	*assis'tant,*	celui qui aide.
cure,	guérir.	*cu'rative,*	curatif.
reside',	résider.	*re's'dence,*	résidence.

	VERBES.		NOMS.
preside',	présider.	*pre'sident*,	président.
speak',	parler.	*speak'er*,	orateur.
com'plicate,	compliquer.	*com'plica'tion*,	complication.
inter',	enterrer.	*inter'ment*,	enterrement.
confess',	confesser.	*confess'or*,	confesseur
expose',	exposer.	*expo'sure*,	acte d'exposer.

7° *Suffixes servant à changer un verbe en un adjectif.*
Ce sont : *able, ant, ent, ful, ible, ive, ory, some.*

Excepté *ful* et *some*, que nous connaissons déjà (2°), les autres existent dans le même sens en français ; seulement *ive* répond à la syllabe française *if*, comme dans *collectif*, et *ory* à *oire*, comme dans *exécutoire*.

EXEMPLES :

	VERBES.		ADJECTIFS.
compare',	comparer.	*com'parable*,	capable de comparaison.
observe',	observer.	*obser'vant*,	attentif.
conclude',	conclure.	*conclu'dent*,	conclusif,
forget',	oublier.	*forget'ful*,	oublieux.
discern',	apercevoir.	*descern'ible*.	perceptible.
o'perate,	agir.	*operative*,	agissant.
de'dicate,	dédier.	*de'dicatory*,	dédicatoire.
tire,	ennuyer.	*tire'some*,	ennuyeux.

348. On a pu voir, par les exemples précédents, que ces suffixes ne s'appliquent pas toujours aux mots primitifs sans quelque modification préalable dans l'orthographe. Tantôt c'est l'*e* muet que l'on retranche, tantôt c'est l'*y* qui se change en *i*, le *t* qui se change en *s*, etc., pour rendre la transition agréable à l'oreille.

Souvent même, le véritable mot radical n'existe pas en anglais, et il faut le chercher dans le latin. C'est ce qui arrive surtout chez les suffixes *able* et *ible*, qui sont d'origine latine. Ainsi *vin'cible* ne saurait se déduire d'un verbe anglais, mais il résulte du verbe latin *vincere*, etc.

On voit aussi qu'il y a des suffixes qui s'appliquent à plusieurs usages, tels que *ate, fy, ful, some*, etc.

349. Il y a toutefois des suffixes qui indiquent avec certitude la partie du discours qu'ils forment. Ainsi les suffixes :

Age, ance, dom, ence, hood, ism, ist, ity, kin, ock, ment, ness, or, ship, ure, indiquent toujours que le mot est un nom commun. Les suivants :

Able, ful, ible, ish, less, ory, ous, some, appartiennent toujours à un adjectif.

Enfin *fy* et *ise*, appartiennent toujours nécessairement à un verbe.

On sait que *ly* est le suffixe qui change un adjectif en adverbe.

350. Il ne faut pas oublier non plus qu'il y a des terminaisons (§ 63) qui ressemblent à des suffixes. Il importe dès-lors de bien se pénétrer des définitions que nous avons données aux paragraphes 3 et 4, pour éviter les erreurs de prononciation et d'étymologie.

DES MOTS COMPOSÉS.

351. La langue anglaise jouit de l'avantage de pouvoir combiner les mots entre eux avec la plus grande facilité, pour exprimer des idées complexes, qui exigeraient dans d'autres langues des périphrases gênantes. Grammaticalement parlant, il n'y a presque pas de limite à cette faculté; néanmoins l'euphonie et l'usage s'opposent souvent à des combinaisons de mots qui seraient permises par les règles.

352. La règle générale pour combiner les mots ensemble est *de mettre le premier celui qui détermine, explique ou qualifie l'autre.*

353. On peut combiner ensemble :

1o Des substantifs avec d'autres substantifs, comme *hōūse'-holder*, chef de maison ; *school'fellow*, camarade d'école ; *eye'brōw*, sourcil (de *eye*, œil, et *brow*, front); *mas'terpiece*, chef-d'œuvre, etc.

Ces sortes de combinaisons peuvent ordinairement se décomposer par le génitif; ainsi *hōūsehölder* veut dire *holder of a house*, teneur d'une maison ; *masterpiece* se décomposerait en *piece of a master*, pièce d'un maître, etc.

Il y en a néanmoins qui exigeraient dans la décomposition des prépositions autres que *of*, comme *hatcase*, étui à chapeau, qu'il faudrait décomposer en *case for hats*, étui pour chapeaux, etc.

Quelquefois l'euphonie exige l'intercalation d'une lettre entre les deux mots, comme dans *han'dicraft*, métier, de *hand*, main, et *craft*, art.)

2o Des adjectifs avec des substantifs, qu'ils déterminent, comme *grand'mother*, grand'mère, *fore'sight*, prévoyance, etc.

3o Des substantifs avec des adjectifs qu'ils déterminent, comme *praise'wörthy*, digne de louange, *mid'dle-aged*, entre deux âges, *purse'-prōūd*, orgueilleux de richesses, *nut-brōwn*, châtain (*brun de noix*), etc.

4o Des adjectifs avec d'autres adjectifs. Dans ces combinaisons l'adjectif principal, c'est-à-dire le deuxième mot, est presque toujours un participe pris adjectivement, comme *short'lived*, de courte durée (*short*, court ; *to live*, vivre), *free-spoken*, franc, (*free*, libre ; *to speak*, parler), etc.

Même dans le cas où le deuxième mot serait un substantif, il reçoit la terminaison du participe passé, si le mot doit servir d'adjectif. Ex. : *able-bŏ'died*, robuste (de *able*, capable, et *body*, corps); *open hearted*, sincère (de *open*, ouvert, et *heart*, cœur.)

5° Des prépositions avec des substantifs, comme *supervi'sor*, inspecteur ; *by'way*, chemin écarté.

Il y a plusieurs adverbes formés ainsi , comme :*underhand'*, sous main ; *overnight'*, pendant la nuit, *today'*, aujourd'hui, etc.

6° Des prépositions avec des verbes, comme : *to withdraw'*, se retirer; *to overthrow'*, renverser, etc. Ces combinaisons sont extrêmement nombreuses.

7° Des prépositions avec des adjectifs, comme *overcau'tious*, trop prudent; *sublu'nar*, sublunaire, etc.

8° Des prépositions avec des adverbes, comme *moreo'ver*, en outre ; *whĕreof'*, dont; *whĕrefrom'*, d'où. etc. (§ 242*).

9° Des adjectifs avec des adverbes, comme *fore'most*, le premier, le plus avancé.

10° Des verbes avec des adverbes, faisant des substantifs , comme *run'away*, fugitif, (de *run*, courir, et *away*, loin). Ces combinaisons sont rares.

11° Des verbes avec des substantifs, comme *whirl'wind*, tourbillon (de *to whirl*, tourner, et *wind*, vent).

354. Les combinaisons les plus rares sont celles des adjectifs avec des verbes qu'ils qualifient, comme *to white'wash*, badigeonner, (de *white*, blanc, et *wash*, laver) ; et des substantifs qualifiant des verbes, comme *to hamstring*, couper le tendon du jarret (de *ham*, cuisse, et *to string*, qui a ici le sens de *to cut the string*, couper la corde, le tendon.)

355. Les poëtes usent largement de la faculté qui leur est accordée en anglais de composer les mots, surtout pour former des épithètes, ordinairement consistant en des substantifs ou des adjectifs joints par un trait d'union à des participes présents ou passés. Ex. : *thick-fla'ming*, lançant des flammes épaisses ; *clōud-compel'ling*, dompteur des nuages (épithète homérique de Jupiter) ; *well-consent'ing*, consentant de bon gré ; *silver-footed*, aux pieds argentés; *ĕarthborn*, fils de la terre. Quelquefois ce sont aussi des substantifs que l'on trouve combinés chez les poëtes, comme : *giant-pride*, l'orgueil des géants ; *traitor-god*, le dieu rebelle, etc.

FIN.

TABLE DES MATIÈRES.

Sous presse :

PREMIÈRES LECTURES ANGLAISES

A L'USAGE DES CLASSES

PAR LE Dr MONTUCCI

Agrégé pour les langues vivantes, professeur d'anglais au lycée St-Louis.

1 volume in-12.

Le grand développement que nous avons donné dans cette grammaire à un système de prononciation fondé sur des règles jusqu'ici inconnues ou négligées exige nécessairement 'appui d'un livre où notre système soit mis en action.

Ce livre paraîtra incessamment sous le titre de *Premières lectures anglaises.*

Nous n'insisterons pas ici sur le choix des morceaux qui composent ces « Lectures. » Nos lecteurs voudront bien croire que nous y avons apporté la plus minutieuse attention, et que les moralistes, les fabulistes, l'histoire naturelle, la géographie, l'histoire et la poésie, ont été mis à contribution pour rendre notre livre à la fois instructif et amusant.

Mais le caractère distinctif de ces *Lectures,* c'est leur application spéciale à la prononciation. En suivant pas à pas la grammaire, nous indiquons en tête des morceaux qui s'y prêtent le mieux, la règle de prononciation dont nous voulons montrer l'application. A mesure que l'on avance, ces règles s'accumulent, le besoin de signes conventionnels pour indiquer les sons diminue à chaque page, et l'élève est conduit par une gradation extrêmement douce jusqu'au point de pouvoir lire sans aucun de ces signes.

Ajoutons que nous avons établi dans ce livre, à mesure que l'occasion s'en présentait, un nombre assez considérable de règles de prononciation d'une importance secondaire, et que nous avons omises dans cette grammaire pour éviter de l'embarras à l'élève.

Les règles déjà données sont constamment rappelées à la mémoire de l'élève par de fréquentes « *analyses de prononciation,* » où l'on rend compte de la prononciation de quelques mots pris au hasard dans le morceau précédent, en s'appuyant toujours sur les règles données. Cet exercice, instrument si puissant d'enseignement, n'existait pas jusqu'ici; et comment aurait-il existé, puisqu'on s'obstinait à dire qu'il n'y avait pas de règles de prononciation en anglais ? Nos « *Premières lectures anglaises* » sont une démonstration pratique du contraire. Oui, il existe des règles, et assez précises pour être utiles. Qu'elles sont nombreuses, compliquées, nous ne le nions pas ; mais aussi n'avons-nous pas la prétention d'exiger la simplicité où elle est impossible.

C'est en expliquant nos *Premières lectures anglaises* à leurs élèves, que les professeurs s'apercevront des avantages que présente notre méthode : l'expérience que nous en avons faite depuis longtemps dans nos classes, et que nous en faisons encore chaque jour, nous donne le droit d'en espérer les meilleurs résultats.

Paris, le 26 juin 1852.

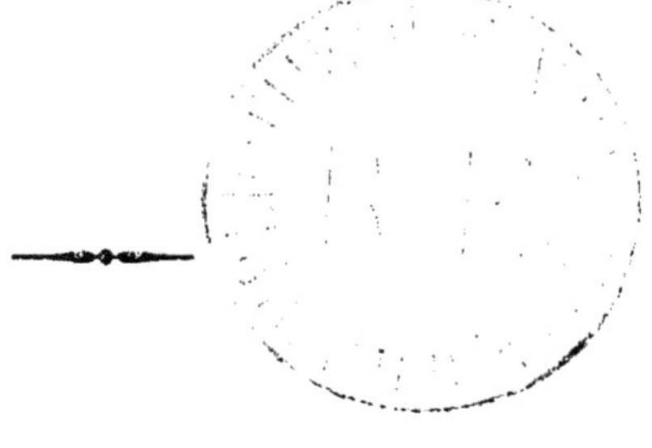

www.ingramcontent.com/pod-product-compliance
Ingram Content Group UK Ltd.
Pitfield, Milton Keynes, MK11 3LW, UK
UKHW021639170726
13836UKWH00005B/2285